20代で〝超成長〟する
ロールモデルハック

Mihiro Matsuda
マツダ ミヒロ

Role Model Hack

三笠書房

小さい頃、学校では
「ラクしちゃダメ」

「手を抜いちゃダメ」

「みんなと同じようにやりなさい」

と教わってきました。

でも、僕は面倒くさいのが嫌いで、

「どのようにすれば近道できるか？」

を常に考えていました。

「近道思考」の始まりです。

29歳で経営に失敗した僕は、
このままではいけないと思い、
順調な経営者の「カバン持ち」を始めてみました。

そこで学べたことはたくさんありました。
何よりも大きかったのは、

成功者の「思考」をそのまま取り入れ、
「成功パターン」をそのまま再現する

という**「成功への抜け道」**に気づいたことです。

この気づきがあったからこそ、
30代で経営に再チャレンジし、
成功できました。

それ以来、僕はこの方法を
「ロールモデルハック」と名づけ、

困難に直面するたびに〝**ロールモデル**〟を見つけては
思考や行動を〝**ハック**〟し、
抜け道を猛スピードで駆け抜けてきたのです。

もう一つの、
大きなロールモデルハック体験は40歳のとき。

アップルやグーグルの本社がある
カリフォルニア州の
シリコンバレーで行ないました。

世界の第一線で活躍する企業の
経営会議や採用現場を体験させてもらい、
僕のビジネスは一層加速しました。

「仕事で成功したい」
「周囲に認められたい」
「もっと活躍できる自分になりたい」

本書を手に取ってくれた方は、
そんな思いを
持っているのではないでしょうか。

多くの人が通る道を通っていては、
とても時間がかかります。

それだけではなく、
一般的に「王道」と言われる道では
〝辿《たど》り着けない場所〟もあります。

遠回りよりも〝近道〟を。

そしてそれは誰にでもできる——
この本を参考に、人生をショートカットしてください。

マツダミヒロ

もくじ

2章

「ロールモデル」を見つける
――成長の近道を〝猛スピード〟で突っ切る法

3章

ロールモデルを〝ハック〟する

――この「5つのポイント」を絶対押さえる

4章

ロールモデルから〝卒業〟する

――こんなときはどうする？　次はどうする？

5章

ロールモデルを「超えていく」
――「喜ばせる力」で、すべてがうまく回りだす

編集協力／市橋かほる
画像提供／Getty Images

1章

「近道思考」を磨く

――社会人こそ、いくらでも〝飛び級〟できる

時間を〝最大限に〟活用する力

経験や知識、お金や人脈がないのが20代ですが、20代がほかの年代に比べて圧倒的に持っているものが一つあります。それは、今身につけたことをこの先活かせる「時間」、今頭に入れたことをさらに深く考えていく「時間」です。

20代のこの時間を有効に使うことで、自分のブランドや人との関係を作ることができるのです。

ただ、時間を有効に使うというのは「時間を効率的に使う」「時間のムダを徹底的に減らす」……といったことではありません。

まず、ちょっと極端な例ですが、こんなエピソードを紹介しましょう。

僕は、毎年沖縄で100人の学生を無料招待して「しつもんカンファレンス」というイベントを開催しています。各分野の第一線で活躍しているさまざまなスペシャリストにゲストスピーカーとして登壇《とうだん》してもらい、参加者と直接交流する場を設けているのです。会場は2000年に行なわれた沖縄サミットの場所にもなった、ザ・ブセナテラスの敷地にある万国津梁館《ばんこくしんりょうかん》。青い海に囲まれた自然豊かでエネルギーに満ちたステキな場所です。

このイベントでのことです。ある学生が自己紹介で、**「僕、那覇《なは》空港からここまで歩いてきました」**と挨拶をしました。すると、その学生は皆から「一体、何日かかったの?」「どうして歩こうと思ったの!」と質問攻めにあったのです。それもそのはず、那覇空港から会場までは、車で高速道路を使っても1時間半ほどかかるのですから!

その学生は、ゲストスピーカーに招いた著名な方やタレントさんにまで「君、面白いね。もっと話を聞かせてよ。今度、一緒にお茶でも飲もう」と誘われるほどでした。

彼は、**一瞬にして自分の「時間」を自分の「強み」に変えてしまった**のです。

別の言い方をすれば、時間を使って自分をブランド化できたわけです。

ただの「タイパ」「時短」はナンセンス

ゲストスピーカーは多忙な日々を過ごしている方ばかりです。

通常、自分のことをアピールしてくる学生がいても、なかなか「一緒にお茶を飲もう」とは言ってもらえません。それが「空港から歩いてきた」という一言で、強烈な印象を残すことができたのです。

大《だい》の大人は普通、こんなことはしませんよね。

レンタカーやリムジンバスを利用したり、場合によっては少々高くてもタクシーを使ったりして、効率的に会場に向かおうとします。

一見すると、時間の使い方がうまく、「近道」しているように見えますが、「自分のことを相手に印象づける」という点においては、うまい方法とは言えません。

何日もかけて歩いたほうが、実は上手に「近道」したことになる場合もあるのです。

20代の資産は時間です。と言うより、時間しか資産がないのです。その時間をどのように有効活用するかがポイントになります。

それなのに、**ただ「時短」「タイパ」（タイムパフォーマンス）を優先して過ごしているだけというのはもったいない**ですよね。

時間の使い方は、実はもっと広がりと奥行きを持ったものなのです。

使い道はたった一つ

では、どんなふうに時間を活用すればいいのか――。

僕は、20代は**「人生の種まき」**をする時期だと思っています。

果物の収穫をイメージしてみてください。種をまけば、芽が出て幹《みき》や枝が伸びて花が咲き、実《み》がなります。でも、種をまかなければ、何もできません。当たり前のことですが、実が欲しければ、元になる種をまく必要があるのです。

では、「人生の種まき」とはどんなことでしょうか。

・土を耕《たがや》すこと（＝知識やスキルをインプット）
・将来収穫できる種を植えること（＝新しいことに挑戦！）
・忘れずに水や肥料をやり続けること（＝自分磨き）

……どれも大変そうですよね。

もちろん、これらが大事であることは言うまでもありませんが、**もっとシンプルで簡単なことは「人と関わりを持つこと」です**。相手を応援したり、相手のためを思ったり、そうやっていろいろな人と関わるのです。

人との関わりの多さが、その後の人生の広がりや彩《いろど》りを作ってくれます。そしてそれが思わぬチャンスや仕事につながっていきます。

大学生の頃、授業の一環で、地域と関わる取り組みに参加したことがあります。

そこで出会ったのは、地元の商店街の店主や有力企業の社長といった人たちでした。「今度こんなイベントをするよ」と教えてもらうと、時間があったので、足を運んでは、「自分ができることは何だろう」と考えてお手伝いをしていました。

すると、たいした取り柄のない僕のことでも、一所懸命手伝っていれば大人の人はかわいがってくれるんですね。ことあるごとに、「こんな仕事をやってみないか」と声をかけてもらえるようになり、できる仕事を受けるようになりました。

そんな蓄積があったこともあり、僕は大学卒業後、すぐに起業することができました。しかも、起業してからお客様を開拓する必要がありませんでした。

なぜなら、これまでのご縁のおかげで、すでにお客様が周りにいるという環境だったのです。

超成長する人は、「人とつながる」ために時間を使う

チャンスと〝最短で〟つながる力

特に世の中で活躍している人たちとの関係はチャンスにつながります。

すでに活躍している人や成功している人には、影響力があるからです。

そういった人たちの周りには、いつもたくさんの人が集まり、数えきれないほどの情報が行き交《か》い、運気も高いもの。

そんな人とつながっていれば、あなたのところにもチャンスが転がってくるのです。

先ほどの僕の「いろいろなイベントに顔を出した」という話を聞いて、「自分もイベントに積極的に参加してみよう」と思ったかもしれません。

それも大切なことです。ですが、**「さらに近道はないか」という視点で考えてみましょう。**


単にイベントに「参加」することが一番の近道なのか……。

実はイベントは「主催」することもできます。

近道の「さらに近道」はないか？

僕が初めてイベントを主催したのは、20代後半のときです。

その頃、読んでいたメルマガの発信者で経営コンサルタントをしている武沢信行《たけざわのぶゆき》さんという方の講演会を主催しました。

武沢さんは、札幌、東京、大阪、福岡など全国各地で講演をされている方で、各地域に有志の講演会事務局があったのです。2章でも詳しく触れるのですが、僕が地元・山形での講演会を主催させてほしいとお願いしたところ、当時、東北での講演実績がまだなかったこともあり、東北地区の事務局の運営を任せてもらえることになったのです。

しかし、ほかの事務局の運営者は、各地域で豊富なネットワークを持っていたり、コミュニティを運営していたりするような影響力のある方々ばかり。一流の経営者もいれば、経営に関する本の著者もいました。

一方、僕はと言えば、肩書もキャリアもなければ、これと言ったスキルも経験もない状態です。

それでも、僕も事務局長です。

事務局の会合に出ると僕も皆さんと同等の関係性で交流させてもらえ、会うたびにとても仲よくさせてもらえたのです。

当時、僕はコーチングビジネスをスタートさせたばかりでした。

でも、実はその後、この事務局長の皆さんに声をかけてもらったことがきっかけで、なんと自分が全国各地で講師として呼んでもらえることになっていったのです。

道選びで「得られるもの」が変わる

講演会にただ「参加する」立場では、これほど対等で仲のいい関係になることはできなかったでしょう。

「主催する」という立場だからこそ、対等の関係が成立したのだと思います。

「イベントを主催するなんて大変だ」「自分には無理だ」と思って躊躇《ちゅうちょ》する人が多いのですが、時間がたくさん使える20代だからこそ、主催者側にまわってみてほしいと思います。

慣れていないことだから、失敗はすると思います。

そこで学んでいけばいいのです。

主催者のメリットはこんなにあります。

・そのイベントで誰よりも多くの人とつながれる
・一番多くの情報が手に入る
・講師やゲストに自分が呼びたい人を呼べる
・講師やゲストといった一流の人たちと、仲よくなれる
・その人たちと長く付き合っていくことができる

主催者になるのも、人生の種まきの一つです。

種まきは人との関わりを持つことと言いましたが、同時にチャンスの種をまいていることにもなるのです。

超成長する人は、「道の選び方」が秀逸

キャリアを〝最速で〟切り拓く力

どんな物事にも近道と遠回りがあります。

車で目的地まで行くときのことを思い出してください。

カーナビに目的地を設定して、ルートを選びますよね。

複数のルートが出てくると思いますが、大きくは近道と遠回りの2通りに分けられます。

早く着きたいときは、高速道路などを使った近道を選ぶでしょう。

お金を節約したいときや時間に余裕があるときは、遠回りでも下道を選ぶかもしれません。

どちらの道を選ぶかは、そのときの状況次第。うまく使い分けているのではないでしょうか。

人生も同じです。

あなたが目指すゴールに早く行きたいのであれば、近道をすればいい。

早く着けば着くほど、目指していたことにじっくり取り組めます。さらにもっと高いゴールを目指すことだってできます。

でも、この近道を使っていない人が意外に多いように思います。

そこでまず、人生にはどんな近道と遠回りがあるのか把握することから始めましょう。

就活の「近道」と「遠回り」

会社の入社ルートを考えてみましょう。

あなたは今の会社にどんなルートで入社しましたか。

募集していることを知り、エントリーシートを書いて、履歴書を送り、入社試験や面接を何度かクリアして内定を得た人もいるでしょう。それが第一希望の会社だった人もいれば、何社も受けてようやく入れた会社だという人もいるかもしれません。

これはいわゆる正規ルートと言われるものですね。


一方で、このようなステップを経《へ》ず、入社した人はいるでしょうか（裏口入社のことではありません！）。

すでにその会社の人と関係があり、入社できたというケースです。

たとえば、お気に入りのアパレルショップがあり、そこに客として毎日通っていたとします。すると、オーナーが自分のことを覚えてくれ、お互いについて話すような関係になりました。

そうしているうちに、「今、社員を探しているのだけど、うちで働いてみない？」と声をかけられて入社できた。

そんなケースです。エントリーシートの記入や入社試験をスキップして入社を叶えることができました。

これはあくまで一例ですが、ほかにもアルバイトやインターンシップなどから、「もううちに来ちゃいなよ」と声をかけられて社員になったという話を聞いたことはあるのではないでしょうか。

このように入社ルート一つ取っても、いろいろなルートがあります。

普通なら「リクルートスーツを着なきゃ」「入りたいけど今は募集していないみたいだ」というような考え方になると思います。

しかし世の中には、あなたが思っているよりもたくさん、表に出てこないようなルートがあるのです。

正規ルートは「超・狭き門」

もっと言うと、正規ルートほど「狭き門」はありません。

なぜなら、表に現われているぶん、誰もがその道を行こうとするからです。

当然、正規ルートでの成功率は低くなります。

入社の場合も、会社の規模や社会情勢によりますが、十数人という採用枠に対して何十人、何百人もの人が履歴書を出す状況は多くあります。採用される人のほうが圧倒的に少ない。大半の人が、そんな狭き門にチャレンジしているわけです。

僕はこれまでに何冊か本を出版していますが、本の出版ルートについても同じことが言えます。

出版の正規ルートは、「企画書を作って、出版社の問い合わせ窓口に送る」です。

しかし、出版社にはたくさんの企画書が送られてくると聞きます。

そんな中で、一冊の本の完成にまで話を進めていくのは至難の業《わざ》です。

この方法でひたすら続けていても、なかなかチャンスは巡ってきそうにありません。

いつかは巡ってくるかもしれませんが、かなり遠い先になりそうですよね。

教科書に書かれているような〝ちゃんとした方法〟で正面からアプローチしていても、ほとんどの場合、成功はしないものと思っておくとよいのではないでしょうか。

特に知識も経験もない20代は、正面から勝負を挑んでも、周りの人と差別化を図《はか》ることが難しいのでなおさらです。

そうであるなら、**遠回りの正規ルートではなく、それ以外の道を探ってみたらいい**と思うのです。

正規ルート〝以外〟が近道思考の第一歩

すべてのベースは「近道思考」

では、正規ルート以外に、どんな近道があるのでしょうか。

これはあくまで著者としての僕の場合ですが、本を出版したいのなら「編集者と知り合う」のが近道になります。

僕は、ある勉強会で隣に座った人がたまたま編集者だったご縁で出版できたことがあります。

雑談から始まり、お互いの仕事や考えを話しているうちに、「今度ゆっくり食事をしましょう」という流れになって、そこから本を一緒に作ることになったのです。

正規ルートに比べたら、かなりの速さで出版が実現したと言えます。

僕の場合は偶然の出会いでしたが、出会いは意図的に作れます。

たとえば、あなたが営業職に就いていたとしましょう。企業の社長や店舗の店長との出会いが必要な場合なら、正規ルートは、「電話やメールで連絡を入れ、アポイントを取る」ことになりますが、この方法で出会える確率はきわめて低いのは言うまでもありません。

それよりも、その人が講演をするなら聞きに行く。その人が運営しているコミュニティや勉強会があれば参加する。SNSをやっているなら、フォローしてコメントを入れる。

僕なら、そうやってあらゆる手を使って、相手とつながる方法がないか考えます。

今はSNSのおかげで、いろいろな人と正規ルート以外でつながれる時代です。活用しない手はありません。

とにかく、種をまいて、つながる道をふさがないことが大切です。

世の中の95％は「遠回り思考」人間

今まで正規ルートしか通ってこなかった……。

正規ルートが当然通るべきルートだと思っていた……。

そもそも近道にあまりなじみがない……。


そんな人のほうが多いと思います。

そんな人は、一度、**周りで成功している人にこれまで歩んできたキャリアを聞かせてもらうとよい**と思います。

おそらく自分の会社の社長や著者、講師などとして第一線で活躍している人のほとんどが、正規ルート〝以外〟の道を辿ってきているはずです。

そういう人のプロフィールを見るだけでも、きっとヒントになると思います。

著名人だけに限らず、周りにいる40代や50代の人にも、これまでのキャリアストーリーを聞いてみてください。

「この人にはこんな出来事があって、そこからこの仕事ができるようになったのか！」と、きっとあなたが思いもしなかったルートを知ることができるでしょう。

世の中の95％の人は、根っからの「遠回り思考」人間です。

そしてそのことに気づいてさえいません。

だからチャンスです。

20代のうちに「近道思考」ができるようになるだけで、あなたの将来は何倍も早く開けたものになると思うのです。

「近道思考」でトップ5％に入ろう

〝近道の入口〟はここにある

ここまで近道について話してきましたが、**近道と思っていた道が、実は遠回りだったということもあります。**

たとえば、「仕事で成功したい」「もっと活躍できる自分になりたい」と思ったとき、あなたはどうしますか。

きっと、まずはインターネットやSNSで、何か方法はないか検索してみるのではないでしょうか。

今は本当に便利で、調べればさまざまな解決法を知ることができます。

さらに本格的に知りたい場合は、参考になりそうな本を読むこともあるかもしれません。

ビジネスや人間関係、お金、健康などに関するハウツー本はたくさん出版されていますから……。


「本を読む」。

実はこれ、遠回りになります。


え!? と思った人も多いのではないでしょうか。

僕たちは小さい頃から、わからないことがあれば「自分で調べなさい」「本を読んで勉強しなさい」とよく言われてきましたよね。

だから、そうすることが〝ちゃんとした方法〟のように思えます。


……もうお気づきですよね。

「ちゃんとした方法＝正規ルート＝遠回り」です。

本を読んで〝から〟どうする

本を書いておきながら恐縮ですが、この場合の近道は**「著者から直接聞く」**です。

本では伝えきれない本質的な部分を直接確かめるのです。

どういうことか説明しますね。


仮に「お金持ちになりたかったら、トイレ磨きをしたらいい」と本に書かれていたとします。

そこで一所懸命トイレ磨きをします。

しかし、トイレ磨きをしたからと言って、必ずしもお金持ちになれるとは限りませんよね。

こんなふうに「書かれた通りにしているのにそうならない！」といった経験をしたことはないでしょうか。

理由は簡単で、書かれていること〝しか〟していないから、書かれた通りの展開にならないのです。

一番伝えたいメッセージはおそらく、トイレ磨きという行動の裏にある、物事への姿勢や自身のあり方、考え方のはずです。

そういった本質を摑まないまま、トイレ磨きだけをしていても、それは遠回りになってしまうのです。

もちろん、ちゃんと本質を摑める人もいると思います。本を読んで変わる人と変わらない人の差はここにあります。

でも、近道をするなら、本を読んでさらに著者やそのテーマに詳しい人に直接聞いたり、教わったりするのが一番です。

本には書かれなかった物事の背景や文字だけでは伝わりにくいこと、あなたが思った疑問なども直接、人とやり取りして確認していくことで、本質が早くよりクリアになるからです。

これは読書に限った話ではありません。

僕たちの周りは知識や情報で溢《あふ》れています。

それを独学で学ぶことは大変ですし、時に自分の理解したいように解釈することもあります。

結果、遠回りになってしまう。

著者に聞く、塾に入る、コーチや**ロールモデル**につく。

そうやって直接聞いたり、教わるほうが何倍も早く成長できるのです。

超成長する人は「直接」にこだわる

してはいけない近道、したほうがいい遠回り

一方で、**「何でもかんでも近道してやろう」と考えることも危険です**。

それではかえってチャンスを摑み損ねてしまう場合もあると思います。

ここで、〝してはいけない近道〟についても話しておきます。

それは**「経験や技術に関すること」**です。

「経験を重ねる」「技術を磨く」ということは、決して近道はできません。積み重ねないと身につかないものです。

最近、長年の経験値に勝るものはないなと感じさせられたことがあります。

タレントの宮迫博之《みやさこひろゆき》さんのユーチューブ番組を見ていたときのことです。同じくタレントの江頭《えがしら》2：50さんのユーチューブ番組「エガちゃんねる」のディレクターである藤野《ふじの》義明《よしあき》さんが登場していました。

「エガちゃんねる」は動画再生数が9億4000万回以上。ダントツに人気の高い動画番組です。その動画を制作している藤野さんに、宮迫さんの動画制作をしているスタッフが、「どうやったらエガちゃんねるのような動画を作れるのか」について聞く対談でした。

そこで藤野さんが発したのが

「こっちは20年やっていますから」

という言葉です。

藤野さんには、失敗をしながらも取り組んできた長い年月があり、その経験値からあらゆる技術を駆使して、動画を制作しているのです。

一方、宮迫さんのスタッフは、動画制作3年目。ここには歴然とした経験の差があるのですね。

だから、「今のあなたたちには同じようには作れないだろう」ということだったのです。決して自慢ではありません。

時間をかけて積み上げてきたものの圧倒的な強さを感じた瞬間でした。

あえてする「遠回り」が人生を豊かにする

僕のことも少し話します。

僕は「魔法の質問」というメルマガを毎日発信して、20年になります。

最初の10年間は、一日も休まずに質問を毎日1つ作って発信してきたのです。

その結果、読者は10万人になり、それに関する本を何冊も出版することができ、ベストセラーになりました。

これも長年の積み重ねがあったからです。

毎日質問のことを考え続けていくうちに、効果的な質問を作るコツを導き出し、人々に認知してもらえるようになりました。

きっと、日本で僕と同じことをしている人はいないと思います。

たとえ、**誰かが僕の真似《まね》をしても、追いつくには20年かかります。**

ということは、僕は「質問力」という分野において誰にも追い着かれないステージに立てている、ということです。

このように、チャンスだけではカバーできないことがあります。

地道に積み上げたことは、圧倒的な技術力や経験値となって、あなたの武器となるのです。

超成長する人は〝経験と技術〟に時間をかける

使うエネルギーの"コスパ"は最高

では、**20代の今、あなたがあえて遠回りしてでもやってみたいことは思い浮かびますか。**

せっかくなら、自分の仕事につながることがいいですね。

もし思い浮かんだとしたら、それをどんなふうに積み重ねていったらいいのか、もう少しイメージしやすいようにお話ししますね。

たとえば、あなたが飲料メーカーの商品開発部で働いているとします。

商品開発の仕事は、マーケットのニーズを捉え、それを元に新しい飲料を生み出し、消費者に提供することです。

あなたは革新的なアイデアを出して、ヒット商品を生み出したいと思っています。

これだけだと解像度が低いので、もう少し具体的に目標を思い描く必要があります。

そうすると、「同じ世代の20代が求める味覚やライフスタイルに合致した飲料を開発して、市場に新しい波を作り出せるような商品開発者になりたい」という目標が見えてきました。

現代は、健康志向やエコ意識の高まりを反映した商品が求められているようです。

一方で、20代はエネルギッシュで活動的な年代です。

「20代の好奇心を刺激し、共感を呼ぶ飲料を開発して、彼らのお気に入りとしてずっと愛される商品を生み出したい」。

こんな気持ちにも気づきました。

「遠回り」してでもやりたいことは?

もし、あなたがこの立場だったら、どんな積み重ねをしていきますか。何ができるでしょうか。

いろいろな方法があると思いますが、僕だったら何をするか言ってみますね。

「一日1人、20代の人にインタビューをする。それを続ける」です。

もし1年続ければ、365人の20代の生の声を聞けることになります。20代の消費者は、どんなライフスタイルや価値観を持っているのか。そんな彼らはいつ、どんなシチュエーションで飲み物を求めるのか。どのようなフレーバーや効果を望んでいるのか。

彼らのライフスタイルや嗜好《しこう》に深く根差した商品開発が可能になります。

こんな生の情報を365人ぶんも把握している商品開発者は、きっとあなた以外にはいないでしょう。1年も続けるのか、と遠回りに感じましたか。

それよりも、マーケティングの勉強や技術的な研究をしたほうが手っ取り早いと思ったかもしれませんね。

それも確かに必要なことでしょう。でも、この毎日の積み重ねを通じて、あなたは「20代の嗜好を最も深く理解している商品開発者」になれるのです。

そんなあなたにしか開発できない飲料が作れるはずです。

こういうことが、あえて「したほうがいい遠回り」だと僕は思っています。

20代だって、やることはたくさんある

経験値や技術は短期間で集中的に身につけるのではなく、一日10分でも毎日続けたほうが確実に力になります。

英語学習もそうですよね。単語を一夜漬けで覚えてもすぐ忘れてしまいますが、一

日10分でもくり返し覚えた単語は身についています。

でもだからと言って、すべてのことに対して毎日コツコツ取り組む必要はありません。そんなことをしたら、すぐにパンクしてしまいます。

毎日コツコツと続けることが難しいのは、成果がすぐに出ないからという理由もありますが、「やることが多い」からだと僕は思っています。

20代にだってやることはたくさんあります。

ですから、本当に必要なことに時間や労力を集中させ、行動することがその後の人生を決めることになります。だからこそ、近道できることは近道し、遠回りすべきことに時間をかけられるようにしておくのです。

近道すれば「自分だけの何か」で秀でられる

コラム1 自分に「取り柄」がないと思ったときは?

自分には「取り柄」や「強み」がありません。

「今の自分には取り柄がないし、どうせ無理だろう」
「自分よりももっとうまくできる人がいるから、敵《かな》うはずがない」

きっと、こんなふうにやる前からついあきらめてしまったり、自分には向いていない理由をあれこれと考えてしまったりすることがあるかもしれません。

経験が少ない20代ですから、取り柄がないことを気にする気持ちはよくわかります。20代の方からこのような相談を持ちかけられたとき、僕は決まって次のように答えています。

「近道するのに最適です。実は、20代で取り柄があってはダメなんです」と。

ないほうがいい、と言っても過言ではありません。

というのも、**取り柄があると「一所懸命さ」がなくなってしまう**からです。

自分の得意なことをするとなると、「これくらい、うまくいくだろう」と考えます。それは必ずしも悪いことではありませんが、油断が生まれ、一所懸命さが失われることがあります。

自分の力を過信すると、一所懸命さが発揮できなくなってしまうのです。

「一所懸命」は最大の取り柄になる

逆に、苦手なことだと真剣にならざるを得ませんよね。

20代の最大の売りは一所懸命さです。

自分が苦手意識を持っているものや不安なことにこそ、一所懸命取り組めるものです。

僕が初めて講演会を主催したときも、何の取り柄もないときでした。

それまで講演会を主催した経験などありませんでした。

それでも、講演会の主催を買ってでたのは、「自分にはもうあとがない。経営者として学びたい」という真剣な思いがあったからです。

でも心の中では、「困った！」「どうしよう！」という思いでいっぱいでした。

どうやって告知をするのかもわからないし、どんな会場を手配したらいいのかもわからない。講師の皆さんとどんな関わり方をしたらいいのか、おもてなしをするべきなのか見当もつかないのです。

だから本当に失敗ばかりしました。

最初の頃はお客様が10～15人ということも多く、一番少ないときは3人しか集まらなかったこともありました。これでは会場代も支払えません。

また、謝礼をお渡しするのに、財布から現金をそのまま渡してしまったこともあります。謝礼は感謝の気持ちですから、きちんと封筒に入れて準備したものをお渡しするのがマナーです。

今では笑い話ですが、当時はそれくらい世の中のことを何も知らなかったのです。

でも、あれほど失敗をしながらも、僕はどうして途中で投げ出さずにやり続けられたのか……。

それは、むしろ「取り柄がなかったから」です。

取り柄がないながらもお手伝いをしたい人がいて、自分ができることを一所懸命に考え、失敗をしたら教えてくれる人がいた――。

だから、取り柄がない、強みがないことを気にするより、まずは応援したい人がいたらその人を手伝えることはないかを考えたり、頼まれたらサポートをしたりすることから始めるのがいいと思います。

具体的には、次の問いかけを自分自身にしてみてください。

「『取り柄がない』が武器に変わる」魔法の質問

- どんな人を応援したい？
- どんなことを手伝いたい？

あなたができないながらも一所懸命に取り組む姿を見て、自然と周りに助けてくれる人が現われてきます。

不思議なもので、周りの人は、「私、これが得意です！」という姿勢の人よりも、

「私、取り柄はありませんが、一所懸命頑張ります」という姿勢の人を応援したくなるものです。

そして、「あなたはこれが向いてそうだから、こちらも手伝ってくれませんか」といったように、声をかけられることが増えていくかもしれません。

頼まれたことや求められたことをしていくことで、自分も役に立っているという実感が持てるようになります。

自分の取り柄や魅力といったものは、このような人と人との関わりから次第に見えてくるものだと思います。

2章 「ロールモデル」を見つける

——成長の近道を〝猛スピード〟で突っ切る法

最短ルートは「理想の型」に飛び込むこと

これまで近道や遠回りについて話してきましたが、近道の中でも最たる方法は、**ロールモデルを見つけること**です。

ロールモデルとは、自分が尊敬している人、将来そうなりたいと目指す人、お手本にしたい人などのことです。

僕自身は20代のときにかなり遠回りもしましたが、ロールモデルを見つけてからは、一気に道が開けました。

僕は今、質問家として、自分自身や人に質問を問いかける活動をしています。

「魔法の質問」という、読者が10万人いるメルマガを毎日発信し、質問に関する講演会をしたり、本を数十冊出版したりしています。

1年のうち300日はスペインやイタリア、ハワイ、オーストラリアといった海外で暮らしながら、「自分らしく自由に生きる」セミナー活動もしています。

こんなふうに自己紹介をすると「ミヒロさんはビジネスもライフスタイルも悠々自《ゆうゆうじ》適《てき》、やりたいことを自然と実現されていてすごいですね」と言ってくれる人もいます。

特別な才能はいらない

でも、僕に特別な才能があったわけではありません。

むしろ、失敗ばかりの人生でした。

美術系の大学を卒業後、デザイン関連の制作会社を起業したのですが、その経営に大失敗したのです。

起業した当初は、学生時代に関わった方々のご縁もあって、順調に売り上げは伸びていきました。そして、「会社をもっと大きくしたい」と、事業をどんどん拡大しました。

しかし、仕事量が増えるにつれ、細部にまで目が行き届かなくなり、これまでうまくいっていた部下との関係がぎくしゃくしだし、商品も思うように売れなくなってしまったのです。

僕は毎日イライラしながら朝から晩まで馬車馬のように働き、部下にも同じ働き方を求めるようになりました。

今から思えば、皆が疲弊《ひへい》していたと思います。

そんなある日、突然、株主から社長である僕はクビを宣告されたのです。

経営や組織作りの基本を何もわかっていないのに、自己流で突き進んだ結果でした。

僕は、借金2000万円を抱えた状況で無職になってしまいました。

そんなどん底にいた僕を変えたのが、日本全国で中小企業向けの経営コンサルティングを行なっている武沢信行さんとの出会いだったのです。

借金を返さなければならない僕は、どうやって生きていけばいいのか、そのことで必死でした。そんなときに、武沢さんのメルマガ「がんばれ社長!今日のポイント」を見つけたのです。

書かれていたのは、経営のヒントや競争を勝ち抜く知恵、全国の社長への激励メッセージなどでした。

僕は、毎日送られてくるメルマガを読んで猛勉強しました。経営をしっかり学ばなければもうあとはないという、崖っぷちに立たされた思いでした。

しかし、読むだけではやはりわかりません。

秒で〝手ごたえ〟につながる

ある日、武沢さんが東京でセミナーを開くということを知り、すぐに参加することを決めました。

セミナー終了後には、先着順で無料コンサルティングも受けられると知り、それにもすぐに申し込みました。

しかし、コンサルティングは一人5分というわずかな時間。僕はなんとか武沢さんと接点を持ちたいと思い、思わず**「東北でも講演会をしてくれませんか。講演会の準備はすべて僕がします」**と言ったのです。

武沢さんはこれまで各地で講演会を開催されていたのですが、東北エリアでの開催はまだでした。すると、「そんなに言ってくれるのなら一緒にしましょうか」とOKをいただくことができたのです。


「魔法の質問」という独自のメソッドが生まれたのも、武沢さんの「考え方」を取り入れたからです。

そのおかげで講演活動や本の出版が次々と実現し、今に至るのです。

20代のほとんどを自己流で試行錯誤してきた僕にとって、ロールモデルの考え方を行動に移すだけであっという間に人生が開けたことに、心底驚きました。

それ以来、僕はその時々にロールモデルとなる人を見つけては、その知見や経験を吸収させてもらっています。

しかし、ロールモデルがいても僕のように成果が出る人ばかりではなく、十分にその恩恵を受けられていない人がいることに気づきました。

ロールモデルの見つけ方や関わり方にもコツや秘訣があったのです。

僕はそれを「ロールモデルハック」と名づけました。

まず「ロールモデル」を見つける

なぜ「20代のうち」が重要なのか

そもそもなぜロールモデルがいたほうがいいのか、というお話をまだしていませんでした。

ロールモデルがいたほうがいいのは、しなくていい努力はできるだけしないでいたいからです。そして、本来するべき努力に時間と労力をかけてほしいからです。

「ロールモデルの言われた通りにしたらいい」
「ロールモデルの真似をしたらいい」
と言うと、

「他人の真似をしても、それが自分のものになるとは限らないのでは……」

「自分で努力することが重要なのでは……」

というふうに感じる人も出てくると思います。


でも、ちょっと想像してみてほしいのです。

たとえば、あなたが上司から明日までに会議の資料を作ってくれと頼まれたとします。

あなたは一所懸命ゼロから考えて、パワーポイントやエクセルを駆使してなんとか資料を間に合わせました。

でも、**あとから資料のテンプレートがあったことを知ったらどう思いますか**。

「テンプレートを使えば、もっと早く資料を作れたのに！」

「その時間で資料の内容のブラッシュアップもできたのに！」

……そんなふうに思わないでしょうか。

〝成長のテンプレ〟が活用できる

すでにあるリソースを活用することは、ずるいことでも、ラクや手抜きをしていることでもありません。

むしろビジネスの場においては、**リソースを活用しないことは、ムダなことに努力と時間を使っていることになります。**

ロールモデルの真似をすることは、先人たちがこれまで時間をかけて築き上げてきた知識や経験を活かす行為です。

その結果、よりよいビジネスやサービスを生むことができるのです。

近道できることは近道し、本来するべきことに時間と労力をかけましょう。

しなくていい努力はしなくていいのです。

そのほうが先人の経験が活かされ、あなたの人生も有意義にすることができるのです。

20代と言えば、大学を卒業して社会に出始めたばかりです。

「自分には経験もないし、人に語れるような実績もない」

ほとんどの人がそんなふうに自信をなくしたり、遠慮したりしたことがあると思います。

でも、経験や強みがないことに引け目を感じる必要はありません。

20代は「人生の経験が浅い」ことがかえって強みになるからです。

知らないことがあって当然、できないことがあって当然。

だから堂々と「教えてください」と言えます。

むしろ、聞けることが今のあなたの特権だと思ってください。

「こんなことを聞いたらどう思われるだろう」なんて、心配する必要はいっさいありません。

どんどん教えてもらえるのが今なのです。

さらに、知識や経験の不足は、社会で生きていく基礎がまだしっかり固まっていないことを意味しますが、これは逆に、学び取ったことをスポンジが水を吸うように吸収できる状態とも言えます。

この時期に、ロールモデルハックをして基礎固めができれば、道に迷うことなく一足飛びに成長ができるのです。

〝成長ストーリー〟の主人公になれる

また、経験がないということは、あなたがこれから成長していく可能性に満ちている、ということの裏返しです。

人にはそもそも「誰かの成長する姿を見たい」という欲求があります。

あなたも、ロールプレイングゲームなどで、キャラクターが成長してどんどん強くなっていく姿を見るのは楽しいでしょう。映画や小説でも、主人公が成長する物語に思わず感動しますよね。

人は成長ストーリーが好きなのです。

そして、**20代は自分が成長ストーリーの主人公になれる唯一のチャンス**です。

あなたのロールモデルも、きっとあなたが成長するのを見たいはずです。

自分が教えたことをあなたが実行して、うまくいったらこんなに嬉しいことはありません。

あなたにどんな変化が起こるのか、あなたがどんなふうに成長を遂げるのか。

その姿が見たくてたまらなくなるのです。

ロールモデルにとっても、そんな楽しみや喜びが生まれるのです。

20代は「テンプレ」「教えてください」「主人公」が使い放題

超成長を実現する「ロールモデルハック」

「ロールモデルハック」は僕の造語です。

ロールモデルを「ハック」するというのは、**ロールモデルの思考をそのまま「取り入れ」、ロールモデルの成功パターンをそのまま「再現すること」**を指しています。

ロールモデルを「参考」にしたり「目安」にしたりすることで、成長をより早められるというのは、これまでもよく言われてきたことだと思います。

しかし、「ロールモデルハック」は、ロールモデルを単に参考や目安にするというより、ロールモデルの知識や経験をそっくりそのままインストールするイメージです。

これによって、成功への近道を進むことができるのです。

ロールモデルとあなたの間の主な違いは、次の2点に集約されます。

- **思考パターン**
- **行動パターン**

つまり、ロールモデルと同じ考え方と行動ができるようになればいいのです。

「同じ思考パターンと行動パターンを身につけること」。

これがロールモデルハックのゴールです。

究極ゴールは「思考パターン」

そのために、考え方や行動を「真似」することから始めるわけですが、実はこれが意外と難しいのです。

通常、行動は目に見えるので、真似しやすいと思うでしょう。

しかし、**「なぜこの行動を選んでいるのか」という背後にある思考パターンを理解せずに行動を真似しても、真の意味で真似ができたとは言えません。**

これでは、1章でお話しした、トイレを磨く意味を理解しないまま、トイレを一所懸命磨いているのと同じことになってしまいます。

これではせっかくロールモデルがそばにいるのに、本を読んでいるのと変わりませんね。

思考パターンを理解するには、行動が重要な手がかりとなります。

その行動を知るために、まずはロールモデルと行動を共にしてみてください。

仮に僕があなたのロールモデルだったとします。

僕は一年のほとんどを海外で過ごしていますし、日本にいても地元の山形や、東京、沖縄などを移動していることが多いので、打ち合わせはカフェなどに入ってオンラインですることがほとんどです。

各エリアで僕が利用するカフェはだいたい決まっています。

もし、あなたが僕の行動を真似しようとしたら、あなたも打ち合わせをするときにそのカフェを使えば、真似できたことになるでしょうか。

そうではありませんよね。

〝そばで見る〟からこそわかること

僕は打ち合わせのために利用するカフェには基準を持っています。その基準とは「明るいこと」「気持ちいいこと」「飲み物にこだわりがあること」「店員さんがフレンドリーなこと」です。

そのカフェを利用するメリットや得られる効果があるから選んでいるわけです。

だから、僕がなぜ打ち合わせのときはその場所を利用するのか、確かめることが必要になります。

そもそも僕が普段、一日に何度ぐらい打ち合わせをし、どのカフェを利用しているのかという情報は、公《おおやけ》に知られているわけではありません。

一緒に時間を過ごして行動を共にしたからこそ、知ることができることです。
そして、一緒にいるからこそ、気軽にその理由を聞けると思います。

「打ち合わせ時のカフェの選定基準なんてそんな細かいことまで聞くの?」と思ったかもしれません。

でも実は、こういった**わざわざ電話して聞くことでもないような日常の些細な行動にこそ、思考の特徴や成功の秘訣が隠されている**ものなのです。

もし、ロールモデルと一日中行動を共にできる機会があれば、思考を深く知る大チャンスです。

何かの会議やイベント、講演会の時間を一緒に過ごしているだけではなかなか見えてこないことがザクザク見つかると思います。

一日の流れをどのように作っているのか——。
スケジュールの些細な変更や、突発的なことにどう対応しているのか——。

社員やクライアントとの連絡はどのように取っているのか――。

ルーティンのように自然にしていることもあれば、意識的にしていることもあるでしょう。

彼らの行動の中には、あなたがしている行動と違うものが必ずあるはずです。

その行動はどういう考えでしているのか。

行動と考え方をセットにして学び取ってください。

行動の裏にある「思考」を確かめる

ロールモデルが簡単に見つかる「チェックシート」

では、ロールモデルにはどんな人を選んだらいいのでしょうか。

ロールモデルを見つけるときに大切なのは、「その人がどんな生き方をしているのか」「その生き方にあなたがどれだけ共感できるか」です。

ロールモデルは、あなた自身の価値観や「こうなりたい」というイメージとできるだけ一致している人が望ましいでしょう。

・社内や身近な人
・社外で少し接点を持っている人

・SNSなどの発信で刺激を受けている人
・本の著者や著名人

……と言われてもピンとこないかもしれません。

そこで、**あなたにとってぴったりなロールモデルが簡単に見つかる「チェックシート」**を、次のページに用意しました。

使い方は簡単です。

まずはあなたにとって**「この人ならちょっと尊敬できるかも」と思える人**を1人、挙げてみてください。そして、その人を**チェックシートの7つの項目から、各10点満点で採点**してみてほしいのです。

まだ自分の中に「こうなりたい」という方向性が明確になかったとしても、チェックシートに沿って考えてみるだけで、自分の大切にしたい価値観も浮かんでくるかもしれません。そうすると、目指したいところややりたいことも、おぼろげながら見えてくるはずです。

普段からあなたが「ちょっと尊敬している人」を1人、思い浮かべてみてください。「その人の実際」と「あなたの理想」は、どの程度一致しているでしょうか。ぴったりなら、その人はあなたのロールモデルとして最適です。

1 人生で大切にしたいこと

その人が人生で大切にしている価値観は何か。それは、あなたが大切にしたい価値観とどの程度一致しているか。

僕が大切にしていることは「相手を大切にすること」です。ロールモデルハックに限らず、この価値観に共感してもらえるかどうかをいつも考えています。

／10点

2 ライフスタイル

生き方や暮らし方のことです。

／10点

僕は一つの場所ではなく、世界中を旅しながら仕事と生活を楽しむライフスタイルを望んでいます。このようなライフスタイルをしている人は、僕がロールモデルハックを始めた当時はまだいませんでした。ライフスタイルに関しては、僕はロールモデルに頼らず自分で切り開いていきました。

今はオンラインが普及して、ワーケーションや移住などいろいろなライフスタイルが広がっていますので、**「本当はどんな暮らしがしたい？」と自分に問いかけながら一致度を採点するといいですね。**

3 パートナーシップ

／10点

あなた自身が独身でいたいのか、家族を持ちたいのか。パートナーとはどんな関係でいたいのかなどです。どんなスタイルを持つかによって、暮らし方や働き方も大きく変わってきますよね。

僕はパートナーとできるだけ一緒に時間を過ごしたいと考えています。その人はどんなパートナーシップを持っていますか？

4 働き方

一日の仕事の時間や働き方。また、会社員か経営者か。一人で完結できる働き方か、コミュニティや組織でチームワークを要する働き方か、などどんな働き方をしたいかです。

僕は「働き方を人から決められたくない」という思いが人一倍強かったので、独立の道を選びました。ただ、必要がなければわざわざ独立する必要はありません。**大切なのは、自分の理想を実現している人を選ぶということです。**

／10点

5 お金

収入はいくらぐらいが理想ですか。また、どんなことにお金を使いたいですか。

／10点

そのためには、あなた自身がどんな暮らしを理想としているのかも考える必要がありますね。その上で、あなたの理想と、その人の実際を比べてみてください。

6 健康

/10点

睡眠や運動、食習慣、休息などについてです。

健康を最優先している人もいれば、健康を犠牲にしてでも優先したいことがある人もいます。また、体力も人それぞれで、簡単には体調を崩さない人もいれば、ちょっとしたことでもコンディションに響く人もいます。

実は、僕は月に数回しか休日を取りません。試行錯誤した結果、このペースが最適だと気づいたのです。

これって少し変わっていますよね。でも、人によっていろいろな考え方があると思います。無理なく実践していくためにも、健康面について価値観が合っているかを確認しておくことは重要です。

7 プライベート

／10点

趣味や仲間・友人との付き合い方、休日の過ごし方についてです。

予定表が埋まっていないと不安になる人もいれば、余白がないとしんどくなる人もいます。あなたはどんなふうに過ごせば満たされますか。

趣味は本当に人それぞれで、聞いてみると意外な一面を知ることができて面白いと思います。僕はどこに行くときも、カバンにゲーム機を何種類も入れて持ち歩いています。おかげで荷物はかなり重くなりますが、好きだから仕方ありません（笑）。

理想の〝ド真ん中〟を見つける

20代で最初にロールモデルにする人は、あなたのその後の人生に大きな影響を及ぼします。

だから、あなたの目指すべき「ド真ん中」の人にすることが望ましいです。

つまり、7つの項目にバランスよく高い点数がついた人です。

「働き方とお金は10点満点、そのほかは3点」の人より、「どの項目もだいたい7点」の人のほうが望ましいということになります。

たとえば、あなたが「年収1000万円」を目指しているとしましょう。

そして、SNSで1000万円を稼ぐ方法を発信している人が見つかったとします。年収が目的なのだから、働き方とお金の項目さえ一致していればいいと思うかもしれません。でも、この人がロールモデルとして最適かと言うと、そうとも限らないことがあります。

"ハック後ギャップ"がなくなる

年収という観点からは目指していることと一致しても、その人のライフスタイルが朝から晩まで仕事漬けで、あなたがプライベートや健康も大切にしたいという考えを持っていることがあとでわかったら……。

「私、こういうのは目指していないいんだよね」と感じて、大きなギャップが生じてしまいます。

次第に、ロールモデルのアドバイスを素直に受け入れ、実行することが難しくなるでしょう。本来なら近道になるはずのロールモデルハックが、遠回りになってしまうのです。

ですから、先ほどのチェックシートで各項目にバランスよく高得点がつく人をロールモデルにすることです。

決して特定の項目だけに突出して高い点数がつく人を選ぶのではありません。

特定の項目にだけ共感できる人は、それこそ著書を読むだけ、SNSの発信をチェックするだけで十分です。

「人生で大切にしたいこと」は一致させる

僕が人生で大切にしていることは、「相手を大切にすること」です。

相手というのはパートナーや家族だったり、一緒にいる仲間だったりします。

僕はいつも「目の前にいる人を喜ばせたい」と思っています。だから一緒に何かをするときはこの価値観をお互いに共有できるかどうかが、僕にとっては重要です。

人生で大切にしていることは、人によってさまざまです。ある人にとっては「効率的に生きる」ことかもしれませんし、ある人にとっては「自分のやりたいことをする」ことかもしれません。どれも大切な考え方であり、正解があるわけではありません。

でも、たとえば、「結果を出すことを大切にする人」と「結果までのプロセスも大切にしたい人」が一緒にいると、そのうち、ちぐはぐになってしまいます。

価値観を共有できていないと次第にズレが大きくなっていき、あとでとても苦しい状況になってしまうのです。

ロールモデルを選ぶ際にも、**人生で大切にしていることが一致しているか、一致まではいかなくても自分が共感できるかは必ず確かめてほしい**ことです。

価値観が一致するかどうかは、直接聞ける人であれば「人生で大切にしたいと思っていることは何ですか」とストレートに聞いてみてもいいと思います。直接聞く機会がない人でも、公開されている情報やＳＮＳで発信している内容などから、価値観を想像してみることはできるでしょう。

たとえば、**「真夜中でも頻繁に発信している」「〝家族と過ごしました〟みたいなのがいっさい出てこない」といったこともヒントになります。**睡眠よりもやりたいことを優先したい、家庭よりも仕事を優先したいという価値観を持っているのかもしれません。

逆に毎回、同じ時間帯に発信をしている人なら、規則正しい生活やリズム、ルーティンなどを大切にしているのかもしれませんね。

ただ、これらは想像にすぎません。実際に聞いてみたら全然違ったということもあります。あくまでユーチューブやSNSなどは、自分の目指している方向を見つけたり、ロールモデルを探したりするきっかけにするのがいいでしょう。

働き方やお金〝以外の価値観〟こそ重要

手っ取り早い「社内ロールモデルハック」

年齢の観点から言うと、**ロールモデルは12歳ぐらい年上の人が最適です**。あなたが27歳なら40歳前後の人です。

それ以上、年齢が上がると時代の感覚が違ってきますし、近すぎると経験値も近いものになってしまいます。自分の未来をイメージしやすいのが12歳上の年齢だと思います。

最初から無理して、完ぺきにできあがっている50代、60代といった、あなたから20も30も年齢が離れている人をロールモデルにする必要はありません。

もちろん、目指すことはいいのですが、「ハック」する対象としては、遠すぎず、近すぎずの「12歳上」が適しているでしょう。

上司は〝お試しハック〟に最適

まだ自分のやりたいことや方向性がわからない、チェックシートを使っても共感できるロールモデルが見つからないという人は、まず、**社内の先輩や上司をよく観察することから始めてみるのも一つの方法です**。

ちょうどあなたが社内で一緒に仕事をしている相手は、12歳くらい年上の人が多いのではないでしょうか。

営業や打ち合わせ先への同行などを含めて一度、行動を一日共にさせてもらってはどうでしょうか。業務時間外を一緒に過ごすのもいいでしょう。

ランチや夕食など、仕事から離れてリラックスしているときほど、働き方に対する本音や考えを聞くことができます。休日を一緒に過ごしたり、家にお邪魔させてもらえたりすると、プライベートや家庭ではどんなふうに過ごしているのかも知ることができます。

先日、こんな興味深い話を聞きました。

20代の会社員の方なのですが、「上司が営業に着いてきてくれると、緊張してうまくいかなくなる」と言うのです。

上司が部下の営業や打ち合わせに同行することは、会社ではよくあるケースのようですね。部下の営業の様子を見て、必要に応じて指導をしてあげようという上司の親心かもしれません。

でも、上司に着いてきてもらうのは、「成長」という観点からあまりおすすめできる方法ではありません。

なぜなら、部下にとっては、上司のことをまるで自動車教習所の教官のように感じてしまうからです。

たとえば、「お客様にこれを聞いたほうがよいかな」と思っても、上司に見られている手前、「自信がないから今は言わないでおこう……」「あとで怒られるぐらいならここは黙っておこう……」などと思いとどまった経験はありませんか？　本領が発揮しにくく、失敗をできるだけ避けようとしてしまいます。

本来なら、自分のエネルギーの１００％をお客様に向けないといけないのに、60％くらいが上司に向いてしまうことになります。これではお客様にとっても心地のよい空間とは言えません。

僕が上司なら、部下に一人で営業に行かせて、部下に自分自身の様子を録画してくるように指示します（もちろん、お客様の了解を得たうえでです）。

そして、あとで録画を見ながら、「この場面はこういう言葉遣いのほうがいいよ」と指導するでしょう。

しかし、録画するというのはあまり現実的ではないですよね。

そんなことをするぐらいなら、あなたが上司の営業に同行するほうが１００倍よい

でしょう。

上司がどんな気配りをしながら営業をしているのかを、隣でしっかりと見させてもらうのです。これはロールモデルハックの一番実践しやすい形だと思います。

以前、コーチングの講師になりたいと言う大学生が、僕のコーチング講座に来たことがあります。

「本気でコーチングの講師になりたいなら、講座を受けるよりも僕をロールモデルハックしたほうが早く身につくよ」

と冗談で言うと、彼は本当に始めたのです。

僕のそばで行動を共にしているうちに彼はみるみる力をつけて、ついには大学を中退。起業してコーチング講師になりました。

それくらい、そばについて学ぶことは影響が大きいということです。

〝SNSロールモデルハック〟もある

SNSなどで見つけた人をロールモデルにしたいなら、まず相手に自分を認知してもらうところからスタートします。

発信をシェアしたり、感想のコメントを入れたりすることで、相手から認知してもらうことができるでしょう。

もし、連絡先がわかるなら、感想を直接送ってみてもよいかもしれません。

共通の知り合いがいるのであれば、ぜひ紹介してもらいましょう。

大切なのは「どうやったら直接、やり取りができるか」「どうやったら一番自然な方法で出会えるか」を考えてみることです。

「近道思考」を身につけるうえでも、こういったことを考える習慣は持ってほしいと思います。

講演やセミナーを開いている人なら参加する。
コミュニティや塾を開催している人なら、入会すればぐっと近い関係になれます。
何も知らない人からいきなりデートを申し込まれたら、絶対断りますよね。
ロールモデルハックも同じです。
まず自分のことを知ってもらうことが第一歩になります。

候補は「会社」か「SNS」に必ずいる

「これまでの自分」はアンインストール

考え方やアドバイスを実行に移すときには、注意点があります。

それは**自己流にアレンジをしないこと**です。

「もっとこうやったほうがいいんじゃないか?」と考えて、受けたアドバイスを自己流に修正して実行する人が意外に多くいます。

でも、それはその人の考えで、ロールモデルの考えではありません。

つまり、成功していない人の行動で、成功している人の行動ではなくなるのです。

アレンジを加えた結果、成功しない思考や行動パターンがインストールされるだけで、成功者のパターンはインストールされていないことになるのです。

どうせやるなら〝効率的なやり方〟で

「自分で考えて行動しなさい」。そう、言われて育ってきた人もきっと多いでしょう。

でも、ロールモデルハックの観点では、**「自分であれこれ考えず、そのまま素直に実行に移すこと」が最も大切です**。そもそも自分で考えてできるのであれば、わざわざロールモデルにつく必要はありません。

でも、あなたはこれまで思うようにいかないことがあり、ロールモデルのようになりたいと思ったのではありませんか。

そうであれば、ロールモデルから言われたことをその通りにやること。

これが一番の近道であり、ロールモデルハックの基本的な考え方です。

自分であれこれ考えなくていい

コラム2 大きな「失敗」をしてしまったときは？

仕事で大失敗。もう失敗したくないと思うと、チャレンジするのが怖くなります。

大きな失敗をしたり、嫌なことを経験したりすると、「また次も同じように失敗してしまうのではないか」と怖くなってしまいますね。

すると、知らず知らずのうちに「失敗をしないように」と自分の行動に制限をかけてしまうかもしれません。

先日、ある営業パーソンが、成立しかかっていた商談が途中で失敗に終わってしまったと打ち明けてくれました。

価格交渉の段階になって相手から「それは受け入れられない」と言われたそうです。これまで同じような商談で、同様の価格提案をしても特に問題にならなかったので、まさか拒まれるとは想像もしておらず、大慌てしたそうです。

いったん社内へ持ち帰って検討し直し、再度、提案に行ったそうですが、結局、商談は不成立……。営業や何らかの交渉の機会がある仕事をしている人なら、似たような経験がある人もいるのではないでしょうか。

初歩的なミスも大いにアリ

僕が最初に言っておきたいのは、失敗は必ずするということです。

この例に限らず、遅刻や忘れ物など、初歩的なミスもたくさんすることでしょう。20代は社会で初めて経験することばかりで、知らないことやできないことがあって当たり前。周りもそのことはわかっています。

20代でまったく失敗しない人がいたら、そちらのほうが驚きです。

かけっこで一度も転んだことがない子どもがいたら、心配になりますよね。「転ばないように」と思ってゆっくりとしか走ってこなかったのかもしれません。でも、それではいつか、思いっきり走ったときに大ケガをすると思いませんか。

むしろ、20代でたくさん失敗をして、そこから学びを得られるから、成長への近道を進むことができるのです。

大事なのは、「失敗しないように」と考えるのではなく、「失敗してもいい」と思ってチャレンジをすることです。

失敗しないと、成功の仕方もわからないままだからです。

失敗は成功のための材料です。言い換えれば、失敗するたびにあなたの手元に、成功のための武器が増えていくということです。

でも、ただ失敗をすればよいのかと言うと、そうではありません。**失敗を振り返って、「次はどのようにすれば、うまくいくか」という問いをすることが大切です。**

失敗したときに自分に問うてほしい3つの質問を紹介します。

「失敗が成長につながる」魔法の質問

- 失敗した原因は何だろう？
- 次にうまくいくようにするには、どんな取り組みができる？
- この失敗からの学びは何だろう？

シンプルな問いですが、失敗したときに、この3つの質問に答えることができれば、失敗は失敗ではなくなり、成長の一部になります。

冒頭で紹介した営業パーソンも、失敗したのはすべての価格交渉を型通りに考えていたからで、次からは相手の状況をよくリサーチして、相手が満足して納得できるものかどうかをあらかじめ検討したうえで臨《のぞ》むようにすると話していました。

次の商談に向けて確実に、一つ交渉術が増えたわけですね。

こまめな「報告」だけは欠かさない

とは言え、大きな失敗によるダメージは大きいものです。

成果につながらなかったり、同じ作業をやり直すといったロスが発生したり、ほかの仕事の進行に影響が出ることもあります。

そういったリスクを下げるためにも、失敗はできるだけ小さくしておきたいところです。

そのためには、あらかじめ仕事の工程を分けておくことです。

どんなプロジェクトにも段階やステージがあると思います。上司やクライアントに何をどの時点でどのように確認するかを、あらかじめ明確にしておいてください。

こまめな「報告」を欠かさないことです。

各工程でフィードバックをもらいながら仕事を前に進めていけば、あとで大きく方向転換しなければならないことはなくなります。

最後の最後で「一か八かの勝負！」のような賭《か》けは避けられますよね。

僕は20代で会社の経営に大失敗しました。

社長をクビになり、2000万円の借金を抱えたダメージは大きかった……。

当時、失敗を小さくすることを知っていればよかったと思います。

3章 ロールモデルを〝ハック〟する

――この「5つのポイント」を絶対押さえる

①素直さ

「近道ができる人、できない人」
「ロールモデルハックが成功する人、成功しない人」

この二者の違いは何かと言われれば、真っ先に挙げるのは**「素直さがあるかどうか」**です。

素直さとは、周りの意見を受け入れ、環境に柔軟に対応することです。

謙虚に人の話を聞き、物事をありのままに受け入れる能力とも言えるかもしれません。素直さがある人はミスや失敗をしてもそのことを認めて、次はどうしたらいいだろうと切り替えることも上手です。

「素直さがある」ことは、あらゆる場面において大切であり、その後の成長を決定づけます。

なぜなら、**どんなにいい近道を教えてもらっても、どんなにいいアドバイスをもらっても、素直さがなければ、あなたに届かない**からです。

さらに言えば、そのアドバイスに一所懸命取り組めないからです。

一所懸命取り組むというのは素直だからできることです。

素直な人には「応援と情報」が集まる

反対に、周りの意見を受け入れず、頑固に自分の意見を主張してばかりだと、周囲からの協力も得られず、物事が改善していくことはありません。

ロールモデルがあなたによかれと思ってアドバイスをしても、

「そんなことできません!」

「それは難しいです！」

（いいとは思うけど、実際にできるかどうか……）

（本当に効果があるのかな……）

なんて返事をしたらどうでしょうか（口にしなくても心の中で感じることはあるでしょう）。

相手としては、せっかくあなたのためを思ってアドバイスしたのに、がっかりしますよね。それどころか、

「聞く耳を持たない人だな……」

「もう教えないでいようかな……」

「次から関わらないでおこうかな……」

と思われてしまうかもしれません。

逆に「はい、やってみます！」と素直に答えたらどうでしょうか。

「やる気があるな！」
「このあとも様子を見てあげたいな！」
「何かあったときは助けてあげよう！」

と応援されやすくなるのです。

素直さがあれば、あなたの元にはたくさんの情報が入ってきます。たくさんの人の応援も集まります。言われたことをそのまま受け入れることができるので、吸収力も格段によくなるでしょう。

自分の「未熟な考え」は捨てる

とは言え、若いときは「自分はこう思う」と主張したくなることもあります。

どうしたら「素直」になれるのでしょうか。

僕は、**「自分は完全な人間ではない」**と思っていたら、素直になれるのではないかと思います。

「自分には足りないところがある」「知らないことがたくさんある」。

そう認識していたら、きっと相手や周りの意見にも耳を傾けてみようと思えるのではないでしょうか。

何度もくり返しますが、近道ができる人に共通しているのは、素直にアドバイスや教えを聞いて実行していることです。

自分の信念を持ちながらも、素直さと謙虚さを兼ね備えているのです。

ロールモデルを〝100%〟信頼してみる

②苦手を克服しない

そう言うと、「え?」という顔をする人がいます。

僕たちは小さい頃から、「嫌なことでも我慢して努力することが大切だ」と教えられてきました。

日本では我慢することが美徳となっている風潮もありますね。

でも、仕事だけに限らず、普段から自分が嫌だと思うことはやらないでほしいのです。

なぜなら嫌なことにいくら時間をかけても、成長する見込みは少ないからです。

人生の大切な時間を、とてももったいないことに使っているのです。遠回りをしているのと同じです。

そうではなく、あなたが好きなことや、無理や我慢をしなくてもできること。そういうことに時間を使ってほしいのです。

好きなことであれば、たとえ大変なことがあっても、チャレンジして自ら乗り越えようとします。そういった過程こそ、真の成長につながります。

嫌なことに時間をかけて得られる成長は、限定的です。真の成長は得意な分野にエネルギーを集中することで実現します。

克服はコスパが悪すぎる

学校で英語が得意だけれど、数学が苦手な子がいたとします。

すると周りの大人はたいてい、その子に苦手な数学を「もっと頑張りなさい」と言います。

頑張れば、ある程度は、試験の点数も伸びるかもしれません。

でも、それ以上に伸ばすのは難しいでしょう。

それどころか、「こんなに頑張ってもまだ周りには追い着かない……」「自分はダメだ……」。そんなふうに自己肯定感を下げてしまうこともあります。

そんなことになるぐらいなら、最初から得意な英語に力を入れたほうがいいと思いませんか。

自分のパフォーマンスがより出るところに注力すればするほど、能力はより発揮されていくのです。

自分が自然にできることや得意なことがわかっている人は、できるだけその能力が活かせる方法を考えましょう。

それがまだはっきりしていない人は、「それは本気でしたいこと?」と自分に問いかけることから始めてください。

嫌なこと、やりたくないことに時間をかけても、いつか限界がきます。

嫌なことをやめた時間で、周りの人ともっと関わりを持ってみてください。

そうしていくうちに、自分がラクにできることや得意だと感じることが見えてきます。

避けた先に〝お宝〟がある

僕は交流会などで、初めての方とお話しする機会もたくさんありますが、「接し方が自然体でとてもいいですね」と言ってもらうことがあります。

でも、昔はそうではありませんでした。どちらかと言うと、人と話すのは苦手です。でも、20代の頃は社長として営業も頑張らなければならないと、無理して社交的に振る舞っていたのです。

しかし、やはり本来の自分ではないので、つらくなってきました。そこから、「苦手なことをせずに済ませるにはどうしたらいいだろう」と考えるようになったのです。

僕の場合は、自分から話すのではなく、相手が話していることを聞くほうがラクだったので、いつも聞き役に回ることにしました。すると、「ミヒロさんと話していると安心できる」と言われることが増えていったのです。

講演会にスピーカーとして呼んでいただけるようになったときも、話すことはやはり苦手でした。

そこで、僕が作った質問ワークを取り入れるようにしたのです。

すると、「この質問ワークで自分の足りないことに気づくことができました。現場でも活用してみます」と喜んで帰っていく人が増えたのです。

僕が無理して話さなくても、「魔法の質問」ワークによって参加者が自ら気づきを得られたようなのです！

当時は苦手なことを極力しないようにしていただけです。

それがまさか僕の魅力になり、相手に喜んでもらえることにつながるなんて夢にも思っていませんでした。

しかも、嫌なことをしなくなった結果、今では、自分が無理なく自然にできることで生きていけています。

無理をして悲壮な雰囲気で頑張っている人より、好きなことにワクワクしながら取り組んでいる人に、人々は魅力を感じ、より応援したくなるのです。

会社員でも、苦手は避けられる

とは言っても、会社勤めだと「嫌なことをしない」なんてできるはずがないと思うかもしれません。

確かに会社や上司から求められた仕事は、自分の得意・不得意、好き・嫌いに関係なく対応しなければならないときもあります。

しかし、だからと言って無理して頑張って克服しようとするのは、あなた自身にとってつらいことです。

頑張ってもパフォーマンスがよくなければ、周りにとってもあまりメリットがありません。

苦手なことは周りに周知してできるだけ手伝ってもらい、その代わりに得意なことで周囲に役立てないかを考えてみてください。

もし、今の会社で嫌な仕事からどうしても抜け出せないなら、環境を変えることも考慮する必要があるかもしれません。

誰でも自分の好きなことに力を入れれば、その人が持っている最大のパフォーマンスが発揮でき、成果を得られます。

そういった環境を選ぶことが近道になります。

「面倒くさいこと」も避けていい？

「嫌」ほどではないにしても、「面倒くさい」と感じることもたくさんあると思います。

では、「面倒くさい」と感じることもすべてやらなくていいのかと言うと、そうではありません。

面倒くさいの場合は、その「面倒くさい」がどこから来ているかに注目してほしいのです。

面倒くさいと感じる背景には、主に2つのケースが存在します。

・「やりたくもないこと」をやっているときに、面倒くさい
・「やりたいこと」をやっているけど、面倒くさいと感じることもある

たとえば、仕事の例で考えてみましょう。

前者は「本当はこんな仕事はしたくないのにやらざるを得ない。だから面倒くさい」というケース。後者は「好きなことを仕事にできているけれど、中には面倒くさい業務もある」というケースです。

前者の場合は、時間のムダ使いですね。思い切ってやめてしまってもいいかもしれません。

でも後者の場合は注意が必要です。

面倒くさいの元が「やりたいこと」だからです。

やりたいことであっても、取りかかるのに困難を伴ったり、大変だったりすると、億劫《おっくう》に感じるものです。

つい、「面倒くさい」と思ってあと回しにしたり、やめてしまったりするかもしれませんが、それはもったいないこと。そこは乗り越えてもらいたいのです。

乗り越えた先にあなたの目指すものがあるなら、それは乗り越える努力をする価値があるのです。

大切なのは「自分の方向性」を間違えないことです。

「面倒くさい」と感じたら、その面倒くさいの「元」になっているものを見るようにしてみてください。

苦手を避けると「行動」が変わる

③言われたら「すぐやる」

20代のうちは、誰かに何かと相談することも多いでしょう。
そこでアドバイスをもらったら——。
意識してほしいのは「すぐにやる」ということです。

「今は忙しいから……」
「まだ実力不足だから……」

と感じて尻込みしてしまうことがあるかもしれません。

すぐにやるのは、結果を出すためではありません。

別にうまくいかなくてもいいのです。

と言うより、20代のうちは、いくら頑張っても完ぺきにやってのけることなど不可能でしょう。

結果で評価してもらおうと思っても、はなから勝算はありません。

だからこそ、「スピード」で評価してもらおうとするクセをつけてほしいのです。

熱意の正体は「スピード」

スピードは本気度を表わします。

聞いてから実行するまでのスピードが早ければ早いほど本気度が伝わりますし、相手にも強く印象を残すことができます。

時には「それって、本当に意味があるのかな……」と感じることもあるでしょう。

ロールモデルとあなたの間では、考え方も行動の仕方も行動量もまったく違うため、最初はそう感じるのも当然でしょう。

でも、それは関係ありません。

あなたに必要なのは「わかりました！」と言ってすぐやってみることです。

頭の中で理解したつもりになっていても、実際にやってみなければ身につきません。

やりながらわかっていくことのほうが多いのです。

思いもよらないヒントが手に入る

「魔法の質問」のメルマガがうまくいったのも、武沢さんから言われたことをすぐに実行したからです。

武沢さんは折に触れて「通販のビジネスモデルはいいよ」と言っていました。

そしてあるとき、こんなことを言ったのです。

「コーチングも通販してみたら」

それを聞いたとき、僕は意味がまったくわかりませんでした。

しかし、「はい、わかりました」とだけ答えて、すぐにこのアドバイスに取り組みました。

当時から、教えてもらったらすぐに実践することが重要だと感じていたので、「どうしたらコーチングを通販できるか」を一所懸命考えたのです。

対面販売では、お客様が店に来て商品を買います。

一方、通販は購入してくださったお客様の元に、店が商品を届けるシステムです。

僕がしていたコーチングは、主に経営者の方を相手に、一対一で対面セッションを行なうというものでした。

セッション中は経営者の方の達成したいゴールに向けて、僕が必要な質問を投げかけ、それに答えてもらいます。その答えに対して、また僕が質問をする。このように質問と回答をくり返す、というのが一般的なコーチングの形式でした。

しかし、よく考えてみたら、僕がしているのは「質問」だけです。コーチは質問をすることが仕事なのだから、わざわざ対面でなくても、質問だけをお客様に届けてもよいかもしれないと気づきました。

「届ける方法は武沢さんがしていたメルマガがいいだろう！」

そうして、毎日1つ質問を配信するメルマガ「魔法の質問」が誕生したのです。まさにコーチングの通販です。

最初の1カ月間は、購読者は僕一人でした。

毎日、自分が作った質問に自分で答えていました。でも続けていくうちに、10人になり、100人なり、300人になりと、徐々に増えていったのです。

読者が増えるにつれ、「魔法の質問のことを話してほしい」と講演会やワークショップの依頼をいただくようになりました。

そして、武沢さんの事務局仲間のつながりもあって、全国各地で開催することになったのです。1カ月に25回以上、講演会をしていた時期もありました。

「コーチングを通販するなんて無理だ」と思考を止めてしまったら、何も生まれませんでした。

とにかく言われたことをすぐにする。

やりながら「どうしたらできるだろう」と考える。

まず行動することです。

完成度ではなく「スピード」で勝負する

④やったら「すぐ報告」

「自分をもっと引き上げてもらいたい！」

「自分の成長に期待してほしい！」

と思っても、その姿勢を相手に見せるのがうまい人もいれば、下手な人もいます。

せっかくやる気になっても、その気持ちが相手に伝わらなければ意味がありませんよね。

「私はもっと成長していく気持ちもあるし、その姿を見せていきたいんだ」という気持ちを伝えるのがうまい人が、必ずやっていることがあります。

それは「すぐ報告」です。

せっかく「③すぐやった」なら……

言われたことをすぐしたら、その結果もすぐ報告してください。

③「すぐやる」と④「すぐ報告」はセットなのです。

誰でも、自分が言ったことをすぐ実践してもらえたら、嬉しく感じるものです。また本気度も一層伝わります。そうやってロールモデルをどんどんやる気にさせていく方法の一つが「すぐ報告」なのです。

ところが、どういうわけか、多くの人が報告を忘れてしまいます。

せっかく言われた通りにすぐしても、報告しないままにしていると、ロールモデルにとって、それはやっていないのと同じです。

ロールモデルは、あなたがアドバイスに従ったのかどうかわからず、「どうなったのかな」とずっと気になったままです。そしてしびれを切らして「どうだった?」と確認するかもしれません。

そのときに「やってみたら、すごくうまくいきました！　ありがとうございました」とあなたが言っても、「それならすぐに報告してほしかったな」と思われるかもしれません。

せっかくよい成果を得られたのに、報告をしないだけで、相手を残念な気持ちにさせてしまっていますね。

また、**簡単な助言を受けたり、おすすめ情報を教えてもらったりしたときも同じです。**

簡単な例で言うと、「このレストランはおすすめですよ」と言われればすぐに訪れて、感想を共有する。「この本を読むと学びが多いですよ」とすすめられたら、すぐに読んで感想を述べる。

細かなことですが、これが「成長している姿が見える報告」です。

友人の間でも、こんなふうに自分が言ったことをすぐ実践して共有してくれたら、嬉しいですよね。もっと教えたくなるのではないでしょうか。

うまくいかないときこそ、すぐ！

一方ですぐにしてみたけれど、うまくいかないこともあります。そんなときはどうしますか？

同じです。と言うより、うまくいかなかったことや困難が生じたときこそ、すぐ報告するといいのです。

なぜなら、「さらに教えてもらえる」チャンスにつながるからです。

「言われた通りにやってみたのですが、こういう点でうまくいきませんでした。どうすればよいでしょうか」

「やってみたのですが、○○さんのようにはいきませんでした。なぜでしょうか」

そうすると、

「そういう場合は、こうすればいいんだよ」

「ああ、それはね……」

と、今度はもっと細かいアドバイスが得られます。すると、自分の理解が間違っていたことがわかったり、アドバイスされていたことのもっと本質的なところまでわかったりします。

「魔法の質問」×「マンダラチャート」誕生秘話

報告をこまめにしたことで、コラボ商品を開発することができたことがあります。

「魔法の質問マンダラチャート」です。

「マンダラチャート」は9マスのマス目の中心に目標を書き、その周りの8マスに行動計画を書き込む、目標達成のためのシートです。

50年ほど前に経営コンサルタントの松村寧雄《まつむらやすお》先生が開発され、最近ではメジャーリーガーの大谷翔平選手が高校生のときに活用したことでも有名になりました。

そんな「マンダラチャート」に「魔法の質問」を組み合わせたものが「魔法の質問

「マンダラチャート」です。

僕が松村先生に初めてお会いしたのは、武沢先生の新事務所オープンのお祝いの席でした。

別れ際に、松村先生から「僕のマンダラチャートの講座に招待するよ」と言われたのです。

僕は「もちろん、行きます！」と返事をしました。そして「いつですか？」と聞くと、「明日だ」と言うんですね。

すでに夜10時を過ぎたタイミングでした。そのうえ、翌日は仕事の予定がぎっしりと詰まっています。僕は各所に謝罪してなんとかスケジュールを調整し、翌日の講座に参加することができました。

マンダラチャートは曼荼羅《まんだら》図というブッダの教えに基づいていますが、当時の僕は仏教についてほとんど知りませんでした。それでも、わからないながらも松村先生が講座で教えてくれた通りに「マンダラチャート」を利用すると、驚くほど目標が達成できるようになったのです。

僕はすぐ松村先生の元にそのチャートを持っていき、「こんなふうに使ったらうまくいきました！」と報告しました。

嬉しくなった僕は、周りの仲間にも「やってみて」とマンダラチャートを配りました。

ところが、多くの仲間から「使えない」「うまくいかない」という声が上がるのです。

そこで僕はその状況も、松村先生にすぐに報告しました。

「もう少し詳しい状況を教えて」と言われたので、仲間に話を聞きにいくと、「空欄のマス目に何を書いたらいいかわからない」と言うんですね。

僕はすらすらと書けたので、「何を書いたらいいかわからないはずないんだけどなあ」と不思議に思ったのを覚えています。

そこで、僕自身がどうやって書いているのかを振り返ってみると、僕は自分自身に問いかけをしながらマンダラチャートを埋めていることに気づきました。

みんなはこの「自分自身への問いかけ」を考えることが難しかったのです。

「マンダラチャートに自分自身への問いかけがあらかじめ記載されていれば、それに答えるだけでよいのではないか?」、そう考えた僕はサンプルを作成し、松村先生に報告しました。

すると松村先生はこのアイデアを非常に気に入ってくださり、一緒に「魔法の質問マンダラチャート」を作ることになったのです。

僕は言われたことをすぐやってすぐ報告しただけです。そして最後に自分のアイデアを提案してみました。

おそらく最初からアイデアを出しても、こんなにスムーズにはいかなかったかもしれません。

言われた通りに実践して、成功体験を掴めたこと。

そして、うまくいかない事例も報告したこと。

これらのことにより、理解も深められましたし、松村先生にも自分が一所懸命やっている姿を見せることができました。

そんな姿を知ってくれているからこそ、僕のアイデアに対して「応援してやろう」という気持ちが働いたのではないかと思うのです。

「すぐやる」と「すぐ報告」はセット

⑤さらに喜ばれることは何だろう

ここまでの４つができれば、20代の成果としては上々だと思います。

ただ、もう一歩上を行くためのステップとして、

「さらに喜ばれることは何だろう」

ということも考えてみるといいと思います。

相手にさらに喜ばれるためには何が必要でしょうか。

キーワードは**「言われていないことをする」**です。

③の「言われたら『すぐやる』」とは対照的です。

「言われたこと」をすれば喜ばれますが、**「言われていないこと」ができると、さらに喜んでもらえる**のです。

実は④の「報告する」も、言われていないことの一つです。

アドバイスをくれる相手は、わざわざ「結果も報告してね」などとは言いません。

でも結果が知りたいのは間違いありません。

そういった相手の言葉にならない期待を汲み取って行動に移すのです。

「言われていないこと」をやる

これまでの4つと違って、「言われていないことをする」はかなり難しいと思います。

なぜなら、相手が心の中で何を求めているのか、イマジネーションを働かせなければ

ばならないからです。

④の「報告」がおろそかになってしまうのも、そういうハードルがあるからだと思います。

たとえば、誰かと食事をする場面で考えてみます。

「さらに喜ばれることは何だろう」という視点で考えた場合、**食事の時間だからと言って食事をしているだけではダメ**なんですね。

必要なのは「みんなにとって心地よい場になっているかな」ということを考える「その場づくり」です。

「飲み物は足りているかな」
「取り皿はいきわたっているだろうか」
「醤油《しょうゆ》はちゃんとみんなの皿に注がれているだろうか」

自分ができることで相手を喜ばせられるようになると、ロールモデルもあなたと一緒にいるとなんだか心地がよいな、リラックスできるなと感じて、もっと一緒にいる時間が増えていくでしょう。

相手を喜ばせることは、ロールモデルとのコミュニケーションに限らず、人との関わり合いにおいてとても大切なことです。

そのためにも、「相手が喜ぶことは何だろう」と常に考えてほしいと思います。

創造力より〝想像力〟

コラム 3

厳しく「怒られた」ときは？

ミスをしてひどく怒られてしまいました。次にどんな顔をしてその人に会えばよいかもわかりません。

一所懸命取り組んでいるからこそ、ミスをして怒られることも度々あるでしょう。
怒られると誰でも落ち込むものですが、とりわけ20代のうちは、「評価が下がってしまったかもしれない」「相手に幻滅《げんめつ》されてしまったのではないか」「もう会わせる顔がない」などいろいろと心配になるものです。

まず、「怒られた」という状況を整理しましょう。

ただ単に怒られたと感じているかもしれませんが、実は怒られ方には2パターンがあります。

- **怒っている人**……感情が高ぶり、自分の不快な感情をこちらにぶつけている
- **叱っている人**……相手の成長を促すために、冷静に注意や指摘をしている

この2つを見極めた上で、どのように対処していくかが大切です。

前者の場合、実はどうしようもできません。こちらがコントロールできることはないからです。

だから、相手に何を言ったとしても、おそらく状況は何も変わらず、良好な結果を生むことは難しいでしょう。

一方、**「叱られている」場合は、相手はあなたの成長のために冷静に指摘やアドバイスをしています。**

あなたも叱られた内容を冷静に受け止めてみてください。

このように叱ってくれている場合は、「今後は同じことが起きないように取り組みます」と、**次のチャレンジを伝えれば相手との関係はむしろよくなっていきます。**

必要以上に落ち込む必要はありませんし、相手の指摘を元に改善し、成長する機会と捉えることができます。

それでも叱られると、落ち込むことがあるかもしれません。

そのようなときは、次の2つのステップを試してみてください。

・自分で自分を認める

・友人やパートナーに認めてもらう

自分で自分を認めるというのは、**「ミスをしてしまったけれど、頑張った点もあるんだ」**と自分のできていることや努力してきたことを認識し、自分で承認してあげることです。成功や努力の部分に意識をフォーカスするのです。

具体的には、次のように自分自身に問いかけてみてはどうでしょうか。

「自分で自分を認める」魔法の質問

- **できたことやよかったことは何？**
- **頑張れたのはどんなところ？**

それができたら、友人やパートナーなどにも話を聞いてもらうとよいですね。

どんなときでも自分のことを認めてくれ、味方でいてくれる人がいると、心のバランスを保ちやすくなるものです。

4章 ロールモデルから〝卒業〟する

——こんなときはどうする？ 次はどうする？

昨日できなかったことができれば「成長」

20代は、成長のプレッシャーを感じる時期です。

周りと自らの成長のペースを比較して、焦りや不安を感じることも少なくないでしょう。

しかし、安心してください。

あなたは日々確実に成長しています。

その成長の手ごたえを実感する瞬間が、さらなる成長を加速します。

では、「成長」とは具体的にどのような状態を指すのでしょうか。

僕が考える成長は、**「昨日できなかったこと」が今日できるようになること**です。

「昨日はできなかったけれど、今日できたことは何？」


この質問に答えることができれば、あなたはもう「成長」確定です。

こう考えると、成長がとても身近なものに感じるのではないでしょうか。

成長に〝気づく〟ほうが大切

「飛躍的に成長する」といった表現をよく本やネット上で見かけます。

でも、実際には「飛躍的な成長」というものは存在しません。

どんなに大きな成長も、小さな成長の積み重ねです。

その積み重ねの中で、成果が形になったときに「飛躍的に成長した」と感じるだけです。

成長しようとすることよりも、ちょっとした小さな成長に気づくことが、実は何より大切なのです。

小さな成長を見過ごしていれば、いつまでたっても、大きな成長をすることはありえません。

ちょっとした成長に気づくための、とっておきの質問があります。

「小さな成長に気づく」魔法の質問

朝「今日はどんな成長ができる？
成長のためにどんなチャレンジをしようかな？」
夜「今日はどんな成長ができた？」

こんなふうに毎日、一日の始まりと終わりに、自分に質問をしてみてください。

朝に「今日はどんな成長ができるかな？」「成長のためにどんなチャレンジをしようかな？」と問いかけることで、脳は自然と答えを探し出すようになり、チャレンジしたいことにアンテナが張られるようになります。

一日の終わりに、「今日はどんな成長ができた？」と振り返ったときにも、できたことをすんなり見つけて答えやすい状態になっているでしょう。

昨日まではできなかったけれど、今日できたことを答えるだけでいいのです。

この質問を習慣化していると、毎日、チャレンジができるようになります。

さらに、できたことにフォーカスできるようになっていきます。

たとえその日に失敗したことや落ち込んだことがあったとしても、「今日、どんなことができた？」と自分に問いかけることで、前向きな気持ちになることができるのです。

〝今日のテーマ〟が見つかる法

朝の質問に答えるとき、単に「今日は○○できたらいいな」とそのときに思いついたことでも構いません。

ただ、もっと時間軸を伸ばして段階的に目標を設定しておくと、あなたが理想とするものに、より早く近づけるようになります。

たとえば、あなたの目標が「今いる部署に貢献ができるようになる」ことだとします。

そのために「今月は何ができるだろう」と考えます。

今月は「会議の場でメンバーに貢献したい」と決めたなら、そのために「今週できることは何だろう」と考えられますね。

このようにマンスリーの目標、ウィークリーの目標を設定します。

すると、

「今週中に、事前に会議資料を準備しておこう」
「今日中に、これまでの会議のポイントをまとめてみよう」
「それに基づいて会議中に発言をしてみよう」

といった日々の目標が出てきやすくなります。

大きな目標を「小さな行動目標」に落とし込むことで、毎日の成果は実感しやすくなります。

何より、目標に向かってブレることなく成長できます。

〝成長の実感〟を積み重ねる

ロールモデルハックの〝卒業資格〟

ロールモデルハックのゴールは、ロールモデルの思考と行動をインストールすることだと言いました。

では、具体的にどんなときに、その目標が達成されたと感じられるでしょうか。

僕の経験からは、**ロールモデルのパートナーになれたとき**だと思っています。つまり、ロールモデルと対等な関係に立てたときです。

たとえば「魔法の質問マンダラチャート」は、松村先生の考え方を実践して報告していく過程で、松村先生から一緒に商品を作ろうと言ってもらえ、生まれた商品です。

ある意味、僕のことを「パートナー」として認めてもらえた瞬間ではないかと感じています。

これまで僕は、松村先生から知識やノウハウをもらうばかりの存在だったわけです。それが、僕から松村先生へ「魔法の質問」というメソッドを与えることができたのです。

〝勝負〟を挑め！

ロールモデルとのパートナーシップの形成は、商品開発だけに限った話ではありません。

「圧倒的に相手に有利となる条件で物事を進める」「自分がリスクを取る」といったことも、ロールモデルの「見習い」の状態から「パートナー」へステップアップしていくことにつながります。

「魔法の質問マンダラチャート」の場合だと、多忙にしている松村先生に「印刷や在庫管理の業務は僕が請け負います」「営業や告知活動はすべて担います」といったことも提案できれば、自分の時間や労力を相手に与えていることになりますよね。

このときのポイントは、「圧倒的に自分に不利な条件」で提示できるかどうかです。ロールモデルが何を求めていて何に困っているのかを見極め、自分の能力や時間で解決できることであれば、たとえ自分にとって不利な条件であったとしても、あえてやってみるのです。

これまでのように一方的にもらうだけでなく、自らも価値を提供できる関係性が築かれ、パートナーシップが成立しやすくなります。

そうなれば、ロールモデルの見習い期間はほぼ終了です。そして、あなた自身をロールモデルにしたいという人が現われるかもしれません。

「圧倒的に不利な条件」で挑めるか

〝進級〟してもいい

一度ロールモデルに選んだからと言って、その人に一生着いていかなければいけないということはありません。

前述のように卒業することもあるでしょうし、**次のステージに進むために新たなロールモデルとの出会いが必要になる**こともあるでしょう。

また、一度にロールモデルが複数いても構いません。

ロールモデルとは時間を共に過ごすことが必要ですが、何カ月も何年も継続して共にいるという意味ではありません。

一定時間を共にすることからスタートし、1週間後や1カ月後など、可能なときに数時間ほど、一緒にいさせてもらうといったスタイルでも十分なのです。

2人目からが面白い！

最初のロールモデルは12歳ぐらい年上で、ド真ん中の人が最適だと言いましたが、**2人目、3人目のロールモデルは、年齢にそれほど縛られる必要はありません。**5、6歳上や二回り離れていてもいいと思います。

年下や同年代でも圧倒的にキャリアや経験が違って学ぶことが多い人がいたら、その人をロールモデルにしていいのです。

30代、40代、50代、60代……といったように年代別にそれぞれロールモデルがいると、自分がその年代になったときのイメージがわきやすくなります。

ロールモデルの年代によって、生活ステージも経験値も、大切にしていることも違うことがわかります。物事の考え方やアドバイスもまったく違うものになるでしょう。

どれが正しいというわけではなく、違う考え方やアプローチがあることを知ることができます。

日常に「変化」を起こしたいときも

僕は40歳のときにカリフォルニア州のシリコンバレーを訪れ、僕よりずっと年下のＩＴ企業の社長をハックしたことがあります。

質問家としてのキャリアも順調に進み、多くの著書を出版していた頃です。特に「何か解決しなければならない」と困っていたわけでもなく、「もっと成長したい」と思うわけでもなく、現状になんとなく満足していました。

すでに世界を旅するライフスタイルを送っていましたが、ちょうど2週間、時間ができました。

このとき、「どんな過ごし方をしたらハッピーになれる?」と自分に質問してみたのです。そうしたら、「未体験でエキサイティングな過ごし方をしたい」という自分の気持ちに気づきました。

そして、以前から知っていた社長がシリコンバレーで「カバン持ち」を募集していることを思い出し、即座に申し出たのです。

社長とは2週間ほぼ一緒に過ごしました。

経営会議や取引先の打ち合わせ、採用面接などに同席した場面では、「進出か撤退か」「採用か不採用か」といった決断を次々としていく姿が印象的でした。

驚いたのは、平日の18時以降と土日には、オフィスに人の姿がまったく見えなくなったこと。社長も含め、誰一人、働いていません。日本のベンチャー企業だと、こうはなりませんよね。

ほかにも一緒に食事したり、アップル社やグーグル社、インスタグラム社のビルを眺めながら街中を散歩したり、社長が友人と会う場に加えてもらったり――。

また、同じ募集に申し込んでやって来た「ロールモデルハック仲間」との出会いもありました。彼らとは今でも、一緒にお茶したり食事したりなど、付き合いがあります。

昔からの友人でもなく、職場の仲間でもなく、趣味が同じわけでもない。そんな中でつながりが生まれるのも、ロールモデルハックの面白みの一つです。

「コーチングが本業なのに、なぜシリコンバレーに？」と思ったかもしれません。

でも、異環境には「日常に変化を起こす」ヒントが満載です。

「別に困っていないけど、今のままでもちょっとな……」と感じるときこそ、気軽な気持ちで〝お試しハック〟してみるのがいいと思います。

〝新しい出会い〟が超成長を加速させる

街に出て〝成長を実感〟してみよう！

ここまで読んできて、「ロールモデルハックを通じて、自分はどれほど成長できただろうか……」「最初と比べて何も変わっていないんじゃないか……」と不安になることもあるでしょう。

そんなときは、一度街に出て成長を実感してみてほしいと思います。

あなたは必ず変わっているはずです。

僕は一年間のほとんどを海外で過ごしていますが、ヨーロッパでは、信号待ちで隣どうしになった人に、笑顔で挨拶されることがよくあります。赤信号にひっかかってついストレスに感じてしまいそうなときも、思わず顔がほころんでしまいます。

日本で同じことをすれば不自然かもしれませんが、人にされて嬉しいことはほかにもいくらでもあると思います。

エレベータに乗ったときに、すれ違う人が軽く会釈してくれたり、笑顔を向けてくれたりして、嬉しい気持ちになったことはありませんか。

そういった、一見見落としてしまいそうな小さな親切の数々。**今のあなたなら、これまで以上に気づきやすくなっているはずです。**

そして、自分がされて嬉しかったことは、どんな些細なことでもどんどん真似をして実践してみたくなっているのではないでしょうか。

「喜ばせる力」の芽生えに気づくか

人だけでなく、商品やサービスに関しても同じことが言えます。

たとえば利用したお店で、支払い時に提供されるＱＲコードが見たこともないデザインだったとします。「QRコードって、こんなデザインにもできるんだ」と思うだけでなく、そのことをなんとなく覚えておけば、どこかで活かせるかもしれませんよね。

仕事で資料を作成するとき。誰かにプレゼントを渡すとき。将来的に自分がビジネスを始めることになったときは、直接取り入れることも考えられますね。

こういった些細なことに気づき、活かしていく力が「喜ばせる力」です。

「喜ばせる力」は、ロールモデルハックのゴールと言うより、人生そのものの究極ゴールと言えるかもしれません。**ビジネスであれプライベートであれ、最後にものを言うのは「喜ばせる力」だからです。**

そんな「喜ばせる力」が、今のあなたには培われつつあるのです。

最後にものを言う「喜ばせる力」

コラム4

会社を「辞めるかどうか」悩んでいるときは？

仕事量が多すぎて付いていけません。今の会社をこのまま続けるか辞めるか悩んでいます。

20代のうちは、先輩や上司からいろいろな雑用を頼まれることも多いでしょう。上司や会社の要望に対して、思うように付いていけずに、いっぱいいっぱいになってしまうことがあるかもしれません。

このときに整理すべきことは次の2つです。
悩みのタネは「外的要因」か「内的要因」か。

- **外的要因**……自分でコントロールできないこと
- **内的要因**……自分でコントロールできること

コラム③でも、自分でコントロールできることとできないことがあると言いましたが、外的要因は自分でコントロールできない、どうしようもないこと。内的要因は自分の関わりでコントロールできることです。

たとえば、「社長の方針に共感できない」「上司と相性が合わない」といったことは外的要因になります。外的要因を解決するには「社長の方針が変わりますように」「上司が異動しますように」と祈るしかありません。

一方で、内的要因は自分でコントロールできます。

物事には必ず光と影の両面がありますが、そのどちらを多く見るかということです。

たとえば、僕なら「今はしんどいけども、技術力が身について成長できる」と思えるなら、そのままその仕事を続けるでしょうし、「いや、技術力が身につく前にメンタルがやられてしまう」と思うなら、会社を辞めるでしょう。

なぜその仕事をしてきたのかを考えてみてください。

また、今の会社があなたの価値観や成長したい分野と合致しているかも大切です。


「辞めるかどうか悩んでいるとき」の魔法の質問

- なぜその仕事をしている？
- なぜその会社でしている？
- その仕事をした先にどんな未来がある？

大切なのは、「自分の答え」があったかどうかです。

明確に答えることができなかったり、「給料をもらうため」という答えになったりしたときは、自分の人生を生きていることにはなりません。

一方で、自分なりの答えが出せた場合は、もう少しチャレンジしてみてほしいのです。

そこで経験を積む価値があると思います。成長できれば、必ず自分の目指している姿と重なるはずです。

もうちょっと頑張ってみても、後悔はしないはずです。

5章

ロールモデルを「超えていく」

——「喜ばせる力」で、すべてがうまく回りだす

最初と比べて〝どこ〟が見違えたか

さて、本書もいよいよ最終章に入りました。

20代の最大の資源である時間。この時間を〝ロールモデルハック〟によって有効活用することで、人生の近道ができ、成長を実感しながら加速度的に前に進むことができます。

ところで、ロールモデルハックの最終ゴールは何でしょうか。

それは「相手を喜ばせる力」を身につけることです。

この力があれば、仕事も人間関係もスムーズにいくはずです。ロールモデルハック卒業後も、「相手を喜ばせる力」があなたにとっての最大の武器となるのです。

これまでも相手を喜ばせる大切さについて何度か触れてきましたが、最後にこの「相手を喜ばせる力」について深く掘り下げておきたいと思います。

"売れなかった"理由がわかる

ビジネスの相談を受けていると、決まって皆さんこう言います。

「お客様が増えません、どうしたらいいでしょうか」

「集客のことを考えるといつも頭が痛いです。どうやったらお客様に来てもらえるようになりますか」

僕の答えはとてもシンプルです。

お客様が増えない、集客ができない原因は、単純に「お客様が喜ぶものを提供できていない」からです。

ですから、「お客様に喜んでもらえる商品やサービスを提供する」ことができれば、それだけでお客様は増えていきます。

とても当たり前のことですが、多くの人がこのことに気づかないまま、「お客様が喜ばないもの」ばかりを提供してしまっているのです。

なぜこんなギャップが生まれてしまうのでしょうか。

それは、視点です。

視点が自分に向いていて、お客様に向いていないからなのです。

「この商品はいい商品だ。だから売りたい」
「このサービスはよいサービスだ。だから伝えたい」
「もっと利益を出したい」
「もっと効率的にビジネスを回したい」

多くの人がこのように考えて仕事をしています。

どうしても、「自分」や「自分の商品・サービス」に意識が向き、「もっと売りたい」「なぜ売れないのか」と考えているのです。

しかし、この考え方をしている限り、商品もサービスも売れません。お客様も集まりません。結果、ビジネスはうまくいかなくなります。

「お客様がこんなことで困っている。

それならこんなサービスがあったら便利だろう」

このようにお客様が求めているものは何かを考え、それを提供したらどうでしょうか。もともとお客様が欲しいものを提供することになるので、お客様はそのサービスをきっと利用してくれます。自然とお客様も増えていくでしょう。

相手のことを考えることができれば、それだけで仕事はうまくいくのです。

すべては「喜ばせる力」に帰結する

「人を喜ばせる」センスが生まれている

相手に何かを与えることは、相手を喜ばせるだけでなく、自分自身も幸せにします。

プレゼントをあげるときのことを思い出してみてください。

相手がプレゼントを受け取ったときに喜んでくれたら、とても嬉しい気持ちになりませんか。

「人は、与えるほうが喜びを感じる」ことが心理学の研究でも証明されています。

シカゴ大学の実験によると、他者から贈り物を受け取ったときに得られる幸福感と、他者に贈り物をしたときに得られる幸福感を比べたところ、後者のほうが長続きしやすいそうです。

人に何かを与えて相手を喜ばせることは、自分自身の幸せや喜びにもつながるのです。

ぜひ、このことは覚えておいてください。


中には、「相手に何かを与えたら、自分の持ち分が減って損をする」と思っている人がいるかもしれません。

もし、そんな状態で何かを与えていたら、自分自身がイライラして、満たされない状態になってしまいます。

そうではないのです。

相手に与えれば与えるほど、自分も豊かになり、喜びがたくさん入ってくるのです。

想像してみてください！

では、相手を喜ばせるとどんないいことが起きるのか説明しますね。

あなたが相手を喜ばせると、相手はあなたにお礼をしたいという気持ちになります。これは「返報性の法則」と言って、相手から好意を受けたらお返しをしたくなる心理のことです。

どんな形で返ってくるかと言うと、感謝や応援の気持ちとして返ってきます。すぐに返ってくる場合もあれば、何年もあとになって忘れた頃に返ってくることもあります。

周りの人を喜ばせ続けていると、いつしかあなたの周りには、あなたに感謝している人やあなたを応援したい人ばかりになります。

想像してみてください。

あなたの周りに100人いたら、100人みんながあなたに「お礼がしたい」と思っている状況を……。

そんな状況になったら、どれほど生きやすくなることでしょう。

あなたが独立したいと思ったときや、新しいサービスを立ち上げたいと思ったとき、あるいは困難に直面したときには、いつでも協力しよう、応援しようとしてくれる人がいるのです。

そんな環境にいれば、安心した気持ちで落ち着いてやりたいことに取り組めますよね。物事がうまくいくようにしか思えません。

応援されればあなたのチャンスは広がります。人生も好転していきます。

一人で何かを成し遂げようとしても、膨大な時間と労力がかかります。協力や応援をしてくれる人がたくさんいればいるほど、それを早く達成できるのです。

「応援される」は最高のライフハック

"目で"察せよ

相手を喜ばせるためには、どうしたらよいでしょうか。

それは相手をまず知ることです。

「その人がどんなことで喜ぶのか」

「何に興味があるのか」

を知らないと、相手を喜ばせることはできません。


相手のことを知る上で大切なのは次の2つです。

- **相手をよく観察する**
- **相手の話をよく聞く**

当たり前のようですが、実は奥が深いものです。

まずは「観察」から考えていきましょう。

観察とは、「その人が何を考えているのか」「次にやりたいと思っていることは何か」「欲しいと思っているものは何か」を観て察するということです。

見過ごしていたチャンスがある

相手を知るためには何より相手に関心を持つことが大切です。

どんな些細なことでもよく、「どんな趣味があるのかな」「好きな食べ物は何かな」など相手のことを知ろうとする気持ちがあれば大丈夫です。

たとえば、今度営業にいく相手がいるとします。

その人は普段どんな行動をしているのか。何が好きなのか。

その人をよく観察していると「そう言えば、いつもコーヒーを飲んでいるな」というようなことに気づくかもしれません。

そうしたら次は「どんなコーヒーが好きなんだろう」と考えて、お土産《みやげ》にコーヒーをさりげなく持っていくことができます。

あるいは、新しくできたカフェの情報を教えてあげてもいいかもしれません。こんなことも「相手を喜ばせる力」です。

その人が持っている物や身に着けている物なども、その人を知るヒントになります。

たとえば、職場のデスクの上に置いてある写真やポストカードなどです。

車の写真や学生時代の写真であれば、

「車が好きなのか、休日はドライブによく行くのかもしれないな」

「学生時代の思い出を大切にしているのだな。今でも昔の仲間とよく集まったりするのかな」

と想像することができます。

相手を喜ばせる手段は、あなたが無理なく自然にできることで構いません。

それを、相手から教えられる前、言われる前に行動に移してみましょう。

相手は「自分のことをいつもよく観てくれているのだな」「関心を持ってくれているのだな」とわかって、きっと喜んでくれるでしょう。

相手が考えていることを想像したり察したりするためにも、関心を持って観察してみてください。

相手の「好き」「欲しい」がわかると強い

さりげない表情にもヒントがある

「観察する」「察する」ということは、相手を知るための「リサーチ」です。

リサーチをせずにする行動は、残念ながら相手のことを考えた行動とは言えません。自分がしたい行動になってしまいます。

著者仲間のある女性と一緒に、講演イベントを開催していたときのことです。

イベント終了後の質問コーナーでは、質問が彼女のところに集中していました。

一人が終われば、すぐ次の人から「私の場合はどうでしょうか」とひっきりなしに質問される状況だったのです。隣に座っていた僕は、そんな彼女に向って、

「困ったな。必要な資料が見当たらないのだけど、持っていたら貸してほしい」

と唐突にお願いしました。すると、彼女は

「それなら控室のカバンの中にあるから、取ってくるね」

と言って席を外し、資料を取りに行ってくれました――。

実はこれ、彼女を喜ばせる手段の一つだったのです。

どういうことかわかりますか？

その場の95％の人が気づかない「喜ばせ方」

僕は、彼女が自然に席を外して一人になれるきっかけを作ったのです。

本当は資料など必要ありませんでした。

仮に必要だとしても、自分自身で取りに行けばよいのです。

そのうえで、あえてお願いをしたのです。


彼女とは長い付き合いということもあり、僕は彼女が長い時間話し続けるのが苦手なことを知っていました。同時に、お客様のためには無理をしてでも質問に答えようとする性格も知っています。

ただ、表情を見るといつもとちょっと違う。「これは一息つく必要がある」と察しました。

きっと、自分からは休憩を取りたいと言いだしにくいでしょうし、正面から「休憩しようか」と言っても、彼女のことだから、すんなり休憩を取らずに、頑張ってしまうかもしれません。

そこで、考えたのが先ほどの「資料を貸してほしい」だったのです。

きっと、その場にいた95%の人は、こういった気遣いの形もあることには気づいて

いなかったと思います。「こんな忙しい人にものを頼むなんて、非常識な人だなあ」と思われたかもしれませんね。

でも、そうではないのです。

ただ、ずっと話していることが平気な人もいますよね。

そういう場合はこの気遣いは不要です。相手を喜ばせることにはつながりません。

喜ばせてあげたい人の性格もよく考慮したうえで、求めているものは何かを常に考えるといいと思います。

困った顔、疲れた表情を見逃さない

〝耳で〟察せよ

次に、「話を聞く」ことについてです。

講演会やイベントに参加したとき、「アンケート」を配られたことがあると思います。

お客様の考えていることを知って、次に開催するときにそれを反映したいという思いからでしょう。

それはとてもすばらしいことです。

しかし、**悩みや本当の気持ちは、アンケートには絶対に出てきません**。

というのも、どうしても形式的になってしまい、かしこまった回答や、期待に応えるような答えを書いてしまうからです。

本当にお客様の考えや感想を知りたいなら、アンケートを取るよりも、休憩時間や懇親会などで、ちょっとした雑談をするほうがずっといいですね。

実は、そういった会話の中に、本心がポロッと出てくることがあるからです。

以前、妻や友人たちと旅行に行ったときのことです。

宿泊先のホテルで食事の時間になり、バイキングコーナーに向かいました。

とても混雑していたので、妻が先に席を探しにいってくれたのですが、ブッフェ台の前を通ったとき、妻がある料理を見て「うわ、おいしそう」と言っているのが聞こえたのです。

そこで僕は彼女が待っている席に、彼女が「おいしそう」と言った料理をお皿に取って持っていってあげたのです。

彼女はとてもびっくりした顔をしていましたが、とても喜んでくれました。

そのときの「おいしそう」と言った声は、聞こえるか聞こえないかぐらいの小さな声でした。思わず口に出たといった感じです。

ひょっとしたら、僕が運んでこなかったら、彼女自身も「おいしそう」と言ったことを覚えていなかったかもしれません。

でも、僕はその声をキャッチできました。

だから、「あ、これは彼女を喜ばせることができる！」と思って、すぐその場で行動に移したというわけです。

アンケートでは絶対に出てこない声

「何が食べたい？」と正面から聞くこともできます。

でも、そうすれば妻はこの料理を選んだかどうかはわかりません。

きっと「うーん、どうしよう……」という答えになるのではないでしょうか。

あるいは、バイキングの混み具合や一緒に食べるメンバーの好みを考えて、違う料理を答える可能性もあります。

あのときとっさに出た一言は、彼女の素直な気持ちだったと思うのです。

僕はその気持ちを満たしてあげることができました。

ほかにも、友人がスマートフォンを見ているときに「これいいなあ」と思わず声に出ていたことがありました。

そういうときも、「どうしたの?」と友人が何を見て感心したのかを必ずチェックするようにしています。

もしそれがショッピングサイトなら、その商品をそっとメモしておけば、何かのタイミングでプレゼントできるかもしれません。

このように相手がボソッと言った言葉。

会話の中のふとした一言。

そういう言葉には、その人の素のままの心の声が入っていると感じます。

「話を聞く」ということは、そういった心の中の言葉を絶対に聞き逃さないことです。

なぜなら、そこには相手を喜ばせるヒントが詰まっているからです。

パートナーや友人との関係でお話ししましたが、お客様との関係でも同じことが言えます。

お客様に関心を持ち、よく観察し、話を聞こうという姿勢で接していれば、このようなボソッとした一言をキャッチできます。

そして、その一言に隠れている本当の想いを満たすような商品やサービスを考えれば、必ずお客様に喜ばれたり、売れるものになったりしていきます。

「ボソッとした一言」こそ超重要

必死は禁物

「話を聞く」際に、もう一つ重要なことがあります。

何かしらの言葉が出るとき、なぜこの言葉を発したのか、その言葉の奥まで見ることです。

なぜなら、表向きの言葉は必ずしも真実ではないからです。

先ほどからお伝えしているように、本当の気持ちは言葉になかなか現われてこないことがあります。

そのため、言葉そのものよりも、その背後にある意味や感情に焦点を当てることが大事になります。

どのような背景や状況でその言葉が発せられたのかを理解することで、真の意味を摑むことができるのです。

相手の言葉を受け取るときに、言葉だけに引きずられずに、どうしてこの言葉を言ったんだろうと言葉の源の部分に注意をはらってほしいと思います。

そのためには、「自分の意見はないほうがいい」ときがあります。

話す量を減らせば、視野が広がる

今や書店に行けば、「話し方」に関する本がたくさん並んでいるのを見かけます。話すことに悩んでいる人がこんなにも多いのかと、いつも驚かされます。

ただ僕は、話すのが苦手なら、無理して話し上手になろうとしなくていいと思います。

なぜなら、自分の意見や伝えたい思いが強すぎると、そのぶん、相手の考えや気持

ちを受けとめることが難しくなるからです。

自分のエネルギーを相手に向けるためにも、自分自身はフラットな状態にしておくことが必要になってきます。

たとえばお客様に自社の商品を説明する場面でも、商品を売ることに精一杯になっていると、自分が伝えたいことばかりに意識が向いてしまいますよね。

でも、もっと相手に注意を向けることができていたら、どうでしょうか。

もし、相手がソワソワしているようなら、

「次の予定の時間を気にしているのかな？」

「お手洗いに行きたいのかな？」

などと想像できるかもしれません。

説明にかかる時間を事前に伝えたり、休憩時間を設けたりしてあげると、相手に安心して落ち着いて話を聞いてもらえるでしょう。

ではどうしたら、相手の心の中に注意を向けられるでしょうか。

まずは、自分自身がフラットな状態になるための問いかけをしてみましょう。

「フラットな状態になる」魔法の質問

「今、自分は〝どんな表情〟をしている？」
「今、自分は〝どんな姿〟に見えている？」

必死になっているときは、まばたきもせず、息を止めているような状態かもしれません。

余裕がない自分を認識できれば、ちょっと力を抜いて落ち着こうとすることができるはずです。

そうしたら次に少し周りを見わたして、

「周囲を冷静に見る」魔法の質問

「今ここに〝誰〟がいる？」

「今ここに〝何〟がある？」


という問いかけをしてみてください。

自分だけでなく、周りの状況や人の存在に気がついてそちらに意識を向けるきっかけになります。

今ここに〝誰〟がいる？

先日、ある20代の会社員の方がこんな話をしてくれました。

仕事で失敗をしてしまい、上司と共に取引先に謝罪の訪問をしたそうです。

失敗、上司、謝罪……この情報だけでも、彼が緊張してしまう要素が盛りだくさんなことが伝わってきますね。

やはりとても気持ちが張り詰めた状態だったそうです。

そんな中、謝罪が終わり、取引先をあとにするときのことです。

エントランスを出て道を少し進んだところで、上司が唐突に「ここを左に曲がっても駅に行けるかな？」と急に聞いてきたそうです。

しかし、駅へ行くには道をまっすぐ進むのが一番近いルートのはず。

彼は「左に曲がっても行けますが、まっすぐ行くほうが近いですよ」と答えました。

それなのに、上司は彼の袖《そで》を引くようにして左へ曲がったというのです。

彼は最初、上司の意図が飲み込めなかったのですが、あとから上司がこんなことを教えてくれました。

「先方の秘書の方がお見送りをしてくれていただろう。私たちに向かって頭をずっと下げてくれていたのが見えなかったのか」と。

つまり、自分たちが視界に入っている限り、秘書は頭を下げ続けることになってしまう。上司は、秘書への気遣いとして、一刻も早く秘書の視界から外れようと道を曲がる選択をしたのです。

彼は、「謝罪の気持ちはちゃんと伝わっただろうか」「これからもお付き合いしてくれるだろうか」「上司はどう感じただろうか」ということばかり気になって、秘書に気を配ることがまったくできていなかったのでした。

こんなときこそ、「周りには誰がいる？」「周りには何がある？」という問いが効果を発揮するのではないかと思います。

今ここに〝何〟がある？

もう一つエピソードがあります。ある企画担当者の話です。

取引先の会社の社長に直接、自社のサービスについて提案させてもらえることになったそうです。

これはめったにないチャンスです。採用されれば、サービスの認知度がぐっと上がり、自分の会社からも評価してもらえます。

資料作りにも力が入り、プレゼンを何度も練習しました。

そして、迎えた当日。

会社を訪れ、社長室に案内されるやいなや、彼女は必死にプレゼンしたそうです。

ところが、社長室を出たあとに、「あれ？　そう言えば社長の腕に包帯が巻かれていたな」と気づいたそうです。「大きなケガだったのだろうか……」「大丈夫だったのだろうか……」とそこで初めて心配になったというのです。

腕に包帯を巻いていれば、かなり目立っていたと思うのですが、自分のことに必死になっていると、それさえ目に入らないこともあるのですね。

自分自身を〝フラットな状態〟にする

「目の前の人」を喜ばせ続ける

人は自分のことばかり考えるものなのです。

僕も、ありがたいことに、多くの人の前で講演する機会をたくさんいただいてきましたが、それでもやはり、自分が話しているときではなく、話していないときに「あれ、上着を羽織《はお》りだすお客様が増えてきたな」「空調を調節する必要があるな」などと気がつくものです。

相手のことを考えられるようになるには、普段から意識しておくことが必要です。

そのために僕自身がしていることで、皆さんにもおすすめしたいのが、**「目の前の**

人を喜ばせる」ことです。

僕は、一番身近で一番大切な人である妻を喜ばせることを、いつも考えています。

あなたもまずは、身近にいる目の前の人がどうやったら喜ぶかを考えてみてください。喜ぶ顔を想像するだけでワクワクしてくるものです。


僕は、講演をしているときも「目の前のお客様を喜ばせるにはどうしたらいいだろう」「このお客様の役に立つにはどんな話をしたらいいだろう」と常に、自分に問いかけながら話しています。

イベントを開催しているときも、参加してくださっている一人ひとりに楽しんでもらうためにできることは何だろうと考えています。

そのようにしていると、たとえ、そのときは一瞬の出会いで終わったとしても、相手は僕との出会いにいい印象を持っていてくださることが多いです。

そのため、久しぶりに再会したときにも、変わらずいい関係でつながることができています。

最終審査員は「コンビニ」にいる

知っている人だけを喜ばせるのではありません。

たとえば、コンビニを利用するときも、目の前の店員さんを喜ばせるにはどうしたらいいだろうと考えることができます。

コンビニの店員さんは、毎日たくさんのお客さんに接しています。

無愛想な客が続いたら、きっとうんざりするでしょう。

逆に笑顔の客が続いたら、いい気持ちになりますよね。

だったら自分が笑顔で話しかけたり、「ありがとう」という言葉をかけたりしてはどうでしょうか。

気持ちよく接するという当たり前のことがいかに人を喜ばせるか、再確認できます。

南フランスに行ったときのことです。

エズ村という場所に人気のレストランがあります。店自体はとても小さいのですがいつも賑《にぎ》わっていて、その日も並んでやっと入れました。

しかし、お店の人がなかなかオーダーを聞きに来てくれません。ほかのお客さんもイライラしだして、「早く持ってきて」という声が飛ぶようになっていました。

そんな中で、店員さんがやっとオーダーを聞きに来てくれたのですが、最初、彼女はとても困った顔をしていました。きっと僕からもクレームを言われるのだろうと身構えたのでしょう。

でも、僕はこう言いました。

「お忙しそうですね。僕たちは急ぎませんので、最後でいいですよ」

彼女はとってもほっとした顔になりました。この状況でこんなことを言う客は、誰一人いなかったのでしょう。

彼女は僕のことを覚えてくれて、その後お店に行くたびにシャンパンを特別サービスしてくれるようになったのです。

周りの状況を見て、今自分が相手のためにできることがあればそれをする。その積み重ねで、「相手を喜ばせる力」はついていきます。そして相手が喜んでくれたら喜んでくれただけ、あなたにも喜びが返ってきます。

すぐにできなくても構いません。

僕自身、「目の前の人を喜ばせるには何ができるだろう」という質問を毎日自分に投げかけ続けた結果、すばらしいロールモデルの人と出会い、いいコミュニケーションが生まれ、パートナーとして認めてもらうことにもつながりました。

「喜ばせる力」は、喜びや幸せを循環させ、人生の質を高めてくれるのです。

あとは、この道をまっすぐ行くだけです！

コラム 5

「やりたいこと」がわからないときは？

やりたいことがわかりません。どんな仕事もつまらないと感じてしまいます。

基本的に、僕のコーチングは「相手自身の中に答えがある」というスタンスを取っています。

僕は、相手が「自分の声」を聞けるようにお手伝いしているに過ぎないのですね。

しかし、20代は例外です。

なぜなら自分の中にまだ答えがないことが多いからです。

自分の中に答えがある、というのはどういうことかと言うと、その分野において経験値があるということです。

経験があるとそれがやりたいことか、やりたくないことかわかります。

でも、20代はそもそも経験値が少ないので判断できないのです。

だから僕が20代の人にすすめているのは、いろいろな体験をすることです。

20代はやりたいことがわからなくてもいいと思います。

とにかくいろいろな人に会って、いろいろな場所に出かけて、いろいろな文化に触れてみる。いろいろな職業を知って、いろいろな体験をしてみる。

そのような中で、やりたいことの片鱗《へんりん》が見えてくることが多いです。

やりたいことがわからないと行き詰まったら、次のようなことをしてみてください。

◇遠くに行く

いつも同じ範囲で行動していると、出会うものに限界が出てきます。

国内でも海外でも、遠出していつもと違う景色を見て違う文化に触れましょう。

自分の考え方や枠を広げられるものに会いに行くのです。

◇いつもと違う道を歩く

遠くに行く時間がないという人は、今日から1週間、家から会社までの通勤経路を全部違うルートで帰ってみるというのも一つの方法です。

家と会社の往復では見つからないものが必ずあります。

ほかにも書店に入ったら、いつもは決して行かないジャンルの棚やコーナーに足を運んでみてください。普段、ビジネス書コーナーに行く人は、家庭菜園のコーナーを覗いてみるとか。タイトルを眺めているだけでも、知らなかった世界が広がりますよ。

ランチをするときも普段は行かない激安店でもいいですし、逆に五つ星レストランに行ってみるのもいいですね。

◇ネットやユーチューブ、SNSなどをシークレットモードで見る

普段何気なく見ているネット上の情報は、自分の嗜好に合うものしか表示されない仕組みになっています。

ランダムに表示されているわけではなくて、あなたがネットで購入した商品や、検索した情報、見た動画、いいねを押したSNSなどの履歴に基づいて、AIがカスタマイズしたものが表示されているのです。

このことは僕が非常に危惧《きぐ》していることです。

自分から能動的に新しいものと出合う行動を起こさないと、自分の価値観の枠を広げるものに出合えない時代になってしまいました。気づいたときには、狭い範囲の中でしか物事を考えたり、選んだりしかできないようになってしまいます。

一方で、たとえばユーチューブには「シークレットモード」という機能があります。

これは、これまでの自分の検索履歴や再生履歴による影響を受けずに動画を視聴できる機能です。

一度使い慣れたSNSを、シークレットモードで見てみてください。きっと自分の知らないものに出合えるはずです。

◇職業について知る

唐突ですが、あなたの知っている職業を思いつくままに挙げてみてください。

教員、医師、保険の営業職、販売員、コンサルタント、ITエンジニア、プログラマー、スポーツ選手、レストランのシェフ、鉄道やバスなどの車掌《しゃしょう》……いくつか挙げられると思います。

では、500種類挙げられるでしょうか。

おそらく、多くても50種類ほどが限界なのではないでしょうか。

やりたいことがわからないのは、職業について十分に知識がないことも一因です。

知らない職業のほうが圧倒的に多いのに「やりたいことが見つからない」と嘆くのは、選択肢を探してもいないのに「選択肢がありません」と言っているようなものではないでしょうか。

職業について知るには、自分と異なる業界で働く友人に話を聞いてみるのがおすすめです。

たとえば出版業界には、「校正者」という職業があります。

これは文章の誤字脱字をチェックしたり、より読みやすくなるように文章をブラッシュアップしたりする仕事です。

「本作りには興味ないけれど、文章に携《たずさ》わる仕事ならやりたいかも」と思える人もきっといることでしょう。

そのほかにも、ライター、コピーライター、デザイナー、イラストレーター、翻訳《ほんやく》者……などと出版業に携わる職業だけでも、多岐にわたります。

このような職業は、業界の外からはなかなか見えないものです。

一度、業界が異なる友人と、このような情報を交換してみるのもいいと思います。

20代をとうに過ぎた僕でも、毎日のように新しい発見があります。

スペインにはサッカーの「監督養成スクール」があり、そこに日本の高校生が留学に来ているそうです。

サッカーと言えばプレイヤーしか思い浮かばない人は、このスクールには来られないでしょう。

彼らは、サッカーには監督という仕事があり、しかも監督養成スクールがあることを知っていたから、「プレイヤーは無理でも、監督になれるかもしれない」と考え、行動することができたのです。

おわりに

あなたの人生は、近道できそうでしょうか。

コツコツと学ぶことも大切ですが、時には思いっきりショートカットしちゃいましょう。

今は、本当にたくさんの人とつながれる時代です。

本書のチェックシートを使い、あなたの〝ロールモデル〟にぴったりな人を見つけられたら、〝ハック〟してみてください。


ロールモデルは、決して〝すごい人〟である必要はありません。

自分が気づいていないだけで、ロールモデルは身近にいる場合も多いものです。

アンテナを立てて、あなたの人生の先を行く人を見つけてみてください。

この本は、僕がしてきた「ロールモデルハック体験」「ロールモデルハックをされた体験」から生まれました。

これは「すべての人がこの体験をしたほうがいい！」と思えるくらいおすすめの体験です。

ぜひ、ロールモデルハックしてみてください。

そして、そのあとは誰かのロールモデルになる体験もしてみてください。

実は、ロールモデルハックされることで、さらに多くの学びが得られるのです。

本書を書くにあたり、たくさんの方々の力をお借りしました。

これまでロールモデルハックさせていただいた先輩方、僕をロールモデルハックすることで成長した多くの人たちも含め、関わったすべての方に感謝します。

そして、ここまで読んでくれたあなた、ありがとうございます。
あなたから人生の近道をできた話を聞くことを、楽しみにしていますね。

青すぎる沖縄の空を眺めながら
マツダミヒロ

“書籍で紹介できなかった秘訣”

読者限定
無料プレゼント

Present !

『20代で“超成長”するロールモデルハック』

出版記念講演動画

本書では語りきれなかったことを含めて著者が直接解説した講演の動画をプレゼントいたします。

こちらの QR コードよりアクセスしてください

▼

https://hs.shitsumon.jp/20rmhpresent

※特典の配布は予告なく終了することがございます。
※動画は WEB 上のみでの配信となります。
※このプレゼント企画はマツダミヒロが実施するものです。プレゼント企画に関するお問い合わせは「staff@mahoq.jp」までお願いいたします。

20代《だい》で“超成長《ちょうせいちょう》”するロールモデルハック

著　者――マツダミヒロ（まつだ・みひろ）

発行者――押鐘太陽

発行所――株式会社三笠書房

〒102-0072 東京都千代田区飯田橋3-3-1
電話：(03)5226-5734（営業部）
：(03)5226-5731（編集部）
https://www.mikasashobo.co.jp

印　刷――誠宏印刷

製　本――若林製本工場

ISBN978-4-8379-2972-7 C0030